职业教育汽车创新数字交互教材

汽车使用与日常养护

杜婉芳 夏 渊 战裕进

编著

上海科学技术出版社

图书在版编目（CIP）数据

汽车使用与日常养护/杜婉芳,夏渊,战裕进编著.
—上海：上海科学技术出版社,2017.1（2025.1重印）
职业教育汽车创新数字交互教材
ISBN 978-7-5478-3290-5

Ⅰ.①汽⋯ Ⅱ.①杜⋯ ②夏⋯ ③战⋯ Ⅲ.①汽车—使用方法—中等专业学校—教材 ②汽车—车辆保养—中等专业学校—教材 Ⅳ.①U472

中国版本图书馆CIP数据核字（2016）第242668号

汽车使用与日常养护

杜婉芳　夏　渊　战裕进　编著

上海世纪出版集团有限公司
上海科学技术出版社　出版
（上海市闵行区号景路159弄A座9F-10F）
邮政编码 201101　www.sstp.cn
苏州市古得堡数码印刷有限公司印刷
开本 787×1092　1/16　印张 12
字数 280千字
2017年1月第1版　2025年1月第4次印刷
ISBN 978-7-5478-3290-5/U·40
定价：60.00元

本书如有缺页、错装或坏损等严重质量问题，请向工厂联系调换

内容提要

  本书是为配合上海市交通学校数字教学资源建设、开发而成的专业基础课的纸质&数字交互创新教材,是上海市标志性品牌专业建设成果。

  汽车使用与日常养护课程是汽车运用与维修行业六大工种的基础课程之一。本书作为该课程配套开发教材,共有6个项目,内容包括汽车选购与使用性能评价、汽车注册上牌与保险理赔、汽车运行材料的选用、汽车的合理使用、汽车日常维护、车辆的日常安全检查与调整排故等。

  本书主要读者为中职、中专汽车运用与维修专业学生,职业资格考核及双证融通考试人员,自学者,以及汽车爱好者。

前 言

汽车使用与日常养护课程是汽车运用与维修行业的六大工种的基础课程之一，本配套教材以"任务引领型"目标为核心，对应当前汽车运用与维修行业的六大工种，即汽车维修机工、汽车维修电工、汽车商务、汽车维修钣金工、汽车维修油漆工和汽车装潢美容工。教材编写以科学发展观为指导，以就业为导向，以能力为本位，以新课程教学标准和岗位实际需要为依据，集中体现教学内容的项目化、教学过程与岗位要求的同步化，将教学与实际操作运用有机地结合起来，寓教于乐，改善了学生的学习状况，提高了学生的学习效率，并不断满足学生职业生涯发展和适应社会经济发展的需要。

本教材是为配合上海市交通学校数字教学资源建设、开发而成的专业基础课的纸质&数字交互创新教材，是上海市标志性品牌专业建设成果。教材特点如下：

1. 创新教与学模式。促进技术与内容资源应用，广泛、高效地促进学校教学、学科及专业建设，从根本上强化教与学互动、提升学生实操能力，实现岗位就业零距离。

2. 做学一体。任务引领，培养学生的综合职业能力；突出能力，涵盖职业技能考核要求，体现职业教育课程的本质特征，实现理论与实践一体化教学。

3. 针对性和实用性强。紧紧围绕完成工作任务的需要来选择课程内容，不强调知识的系统性，结合学校现有的实验实训条件开发实训项目。

4. 寓教于乐。数字交互通过播放趣味性强、操作直观的视频内容，展示生动益智的3D模型，提供数字化的课后交互练习，彰显汽车文化的魅力，极大地提升学生的学习兴趣和自主学习能力。

针对本教材中有关数字交互的标志和使用、识别，特做说明如下：

1. 使用者（或读者）可持安卓系统的平板电脑和手机（安卓4.0及以上系统），扫描教材封底二维码，下载安装APP，进行交互阅读。

2. 对于三维模型展示，可直接识读每个项目标题下开始段落。

3. 插图图题后有加"（AR）"的，可识别该插图并交互播放相应的数字视频。

4. 本书"练一练"交互练习题，提供全部题目及答案和部分解析（题目前加有★），可分别识读每个大题题干。

本教材具体参与人员如下：朱建柳、杨杰担任项目统筹；杜婉芳负责统稿定稿并编写项目一～项目三，夏渊编写项目四、项目五，战裕进编写项目六；吕坚对书稿进行了审读。

限于水平，本教材在创新性体现方面可能还存在不足之处，望各位专家、同行和读者批评指正，以利改进、提升。

编　者

目　录

1 项目一　**汽车选购与使用性能评价** ………… 1
　　任务一　购车方案的确定 ………………… 1
　　任务二　汽车性能的评价 ………………… 8
　　任务三　VIN汽车代码的识别 …………… 18

2 项目二　**汽车注册上牌与保险理赔** ………… 30
　　任务一　汽车注册与上牌流程 …………… 30
　　任务二　汽车保险相关知识 ……………… 35
　　任务三　汽车保险理赔程序 ……………… 40

3 项目三　**汽车运行材料的选用** …………… 48
　　任务一　车用燃料的选用 ………………… 48
　　任务二　车用润滑油的选用 ……………… 53
　　任务三　车用工作液的选用 ……………… 62
　　任务四　汽车轮胎的选用 ………………… 70

4 项目四　**汽车的合理使用** ………………… 81
　　任务一　汽车走合期的使用 ……………… 81
　　任务二　汽车正常情况下的使用 ………… 89

1

　　　　　　　　任务三　了解汽车的节油方法和技巧 ………… 103

5　项目五　车辆日常维护 …………………………………… 114
　　任务一　汽车维护的分类 …………………………… 114
　　任务二　汽车走合期的保养 ………………………… 122
　　任务三　汽车正常情况下的养护 …………………… 124
　　任务四　汽车三滤的更换 …………………………… 133

6　项目六　车辆的日常安全检查与调整排故 …………… 155
　　任务一　汽车仪表和警告灯的识读 ………………… 155
　　任务二　汽车灯光、信号的检查维护 ……………… 165
　　任务三　各种信号灯故障的判断与排除 …………… 175

参考文献 …………………………………………………………… 182

项目一　汽车选购与使用性能评价

项目概述

随着人们生活水平的不断提高和汽车价格的逐步下降,汽车(图1-1)已渐渐进入普通百姓家庭,很多人已经把买车提上议事日程。那么怎样了解汽车?怎样买车?已经成为买车人的关注热点。本项目主要介绍如何选购汽车、了解汽车说明书、评价汽车性能、识别汽车VIN代码等内容。

图1-1　布加迪威龙

任务一　购车方案的确定

学习目标

(1) 了解合理选择车型。
(2) 了解选购汽车的基本步骤。
(3) 了解汽车价格的构成。

任务导入

现代汽车品牌、车型和款式繁多,如何在这纷繁的市场中选购一款适宜的汽车(图1-2),对一般购车者来说具有一定的难度。只有具备一定的汽车知识,才能正确地选择适合自己的车辆。

图1-2 选购汽车

知识准备

一、合理选择车型

俗话说:物似主人形。购车也一样。根据用车人的喜好、用途与经济实力不同,选择结果也完全不同。并非小排量经济型车就不是好车,而拥有豪华大马力的发动机就一定最适合自己。

一般根据以下几个方面来选择车型:

1. 价格筛选车型

经济实力决定了车型选择的价格范围。同时还要预先征求身边朋友、同事的意见,全面了解汽车使用的实际消费情况。

2. 功能选择车型

按照不同使用功能,汽车可分为轿车(两厢/三厢)、旅行车(面包车)、多功能车、吉普车等。

(1)轿车。基本上又大致分为两厢与三厢两种。主要用途为个人代步,具有较好的舒适性、操控灵活性、低能耗和使用经济性。

① 三厢轿车(图1-3)。拥有四个或五个座位与一只独立的后备行李箱。因车尾突出了一个行李箱,车身相对较长。在国内,三厢车是家庭代步的热门车型。

② 两厢轿车(图1-4)。多数为经济型小车,外形结构小巧,拥有掀背式尾门的前轮

图1-3 三厢轿车

图1-4 两厢轿车

图1-5 旅行车

图1-6 多功能车

驱动车型。在国外,两厢车是家庭代步的热门车型。

(2)旅行车(面包车)(图1-5)。泛指5座以上的乘用车。适合经常搭载较多乘员或小批量货运。

(3)多功能车(图1-6)。外形与功能介于旅行车与吉普车之间,车架宽大且结实,顶部配有行李架,适合多种用途,一般为特殊职业者青睐,如户外摄影师、工程技术人员、外勤施工等人员的专用工具车。

图1-7 吉普车

(4)吉普车(图1-7)。与其说是买车代步,不如说是车主个性的彰显,为的是那周末的旷野。外形粗犷的吉普车有两驱与四驱之分。

① 两驱只属于多功能车,而四驱才是真正能体验征服乐趣的吉普车。

② 四驱车根据设定的驱动形式不同,又分为兼时四驱、实时四驱和全时四驱等。

若尚未具备一定的经济实力,或者暂不需要购买第二辆汽车时,不要因为一时冲动而因小失大地选择了错误目标。毕竟,选择唯一的代步工具时,首先应该是从实用性、使用率和性价比的角度进行综合考虑。

3. 口碑选定车型

对初步选定的一款或数款车型,除了向身边的朋友、同事征求意见外,还可以利用网络汽车论坛信息的优势,对车型的性能、使用情况、故障率、性价比、售后服务等多个方面进行全面了解和调查。

4. 选择车型需注意的事项

(1)所在城市有无车型限制。

(2)注意车辆的排放限制标准。目前国家非常重视环境保护,并且制定了严格的排放标准,一些大城市还制定了更为严格的排放限制法规。以上海市为例,2015年4月30日起实施第五阶段国家机动车排放标准(以下简称国五标准,其他标准简称类推),同时停止办理国四标准车辆的注册登记。2016年1月1日起,在外环内限行2005年前注册的国二标准汽油车。因此选购轿车时,一定要注意车辆的排放是否达标。

（3）注意耗油量。随着燃油价格的不断攀升,燃油费在今后的养车费用中所占的比重会增大,如果选择油耗较低的车辆,可为今后的养车节省很多费用。

（4）动力的选择。家庭轿车要兼顾经济性、舒适性、动力性和安全性几个方面,动力过小,难以满足使用要求,动力过大又会造成囊中羞涩。若动力性选择不合适,其他几个方面也就无从谈起。如果常拉重物、爬陡坡、走高速,买大功率的汽车比较适合;如果不常拉重物、爬陡坡、走高速,并且通常开车的时速都在80～100 km/h或更低,买较小功率的汽车较好。

5. 确定产地

买国产车,还是买进口车?同样价位的国产车与进口车相比较,建议购买国产轿车,这是因为：

（1）虽然进口轿车在质量上优于国产车,但综合各方面考虑,由于进口车入关需缴纳各项税费,缴纳税费后进口车的价格比同档次的国产轿车要高出30%左右,花同样的钱可以买到更高档次的国产车。

（2）在购买汽车时还要考虑售后服务及维修费用等问题,国产品牌轿车的售后服务已形成一套较规范的制度,修配网点遍布全国各大中城市,且收费相对低廉,而进口汽车就不一定有这种便利条件,进口车配件昂贵,工时费同样很高,造成养车费用居高不下。

二、选购汽车的基本步骤

1. 咨询

（1）网上查找经销商的报价,如：新浪汽车（http://www.sina.com.cn）,网易汽车频道（http://www.163.com）,雅虎汽车（http://cn.yahoo.com）,汽车之家（http://www.autohome.com.cn）,中国汽车网（http://www.chinacar.com.cn）等。

（2）查找具体的经销商位置,到经销商店进行咨询。

图1-8　购车洽谈

2. 洽谈

（1）具体购买车型及实际成交价格商谈。

（2）询问售后服务优惠情况。

当谈妥具体成交价格（图1-8）,就可以通过固定的费用费率计算出保险费用、上牌费用、购置税费用及车船使用税等。

3. 办理相关手续（图1-9）

（1）洽谈成交后,便可到车辆存放地点挑选车辆,并对选定新车进行全面检查,包括：车况检查、随车工具检查、钥匙检查。核对好钥匙、点烟器、停车牌及工具包,保证完整无缺。

(2) 付清车款。转账需要到银行办理。

(3) 由销售人员帮助填写销售业务流程单,车主个人资料、车辆信息填写完整,保险金额由客户服务部计算无误后填写并由车主签字确认。

(4) 销售人员持车主本人有效证件、车辆合格证、业务流程单、装饰流程单到财务部交款,财务部收到各款项后,应开具汽车零售/增值发票。

图1-9 办理相关手续

(5) 复印发票、车辆合格证、车主身份证、指定驾驶员驾照等客户资料,出保单。

(6) 销售人员持车主身份证、发票、车辆合格证到客服保险部投保并出保单后,将以上手续转交客户服务部办理验车上牌,待验车上牌后由客户服务部与车主办理相关车辆手续交接,并签字确认(发票、车辆登记证、年检标、尾气排放标)。

(7) 由验车员带领车主缴纳购置税,带好购置税申请表(4S店内财务统一打印),身份证,发票第一联、第三联,合格证原件、复印件,私车额度单并按区域验车上牌。

(8) 办理验车上牌等相关车辆手续。验车时,要携带合格证原件,验车单打印出来后需仔细核对,尤其是发动机号及车架号码。上牌时携带身份证,合格证原件、复印件,交强险副本,发票第一联、第四联,购置税完税证明副本,拓好的钢印以及注册登记表。

(9) 由销售人员带领持装饰流程单到维修前台为新车办理汽车装饰业务。

(10) 办理新车交付:检查车辆外观、灯光、液面、随车工具及物品等。询问新车功能、使用常识及售后相关知识(保养维修常识及价格、售后索赔政策、救援政策)。在销售人员填写的"出库验收单""销售订单""技术报告单"上面签字确认。填写保修手册,领取保修手册、说明书。

三、汽车价格的构成

汽车价格的构成主要有四个要素:汽车生产成本、汽车流通费用、国家税金和汽车企业利润。进口汽车价格由国家物资管理部门同物价部门制定,在经营单位公开挂牌销售,并根据市场供求变化做适时调整,调整权由国家物资管理部门掌握,其他单位不得随意调整。国产汽车按国家有关定价规定,各主要车型由企业定价后报物价主管部门批准备案后生效。市场销售的汽车价格可随行就市,但均需公开挂牌销售。

消费者在选购汽车时,习惯于将价格作为选择的主要标准。实际上,除了考虑购车费用外,还得考虑使用费用。

1. 购车费用

(1) 汽车售价。汽车经销商一般会根据汽车的品种与档次、市场供求状况、经营利润、增值税等项目确定汽车的售价。汽车的售价并不等于消费者买车时的全部投入,如果要使汽车获得上路行驶的"资格",还需缴纳其他相应的费用。

（2）车辆购置附加费。进口汽车需缴纳相当于车价10%的费用；国产汽车需缴纳相当于不含增值税部分的车价10%的费用（即车价×10%÷1.17）。

2. 使用费用

（1）牌证费。各地不同。另外，汽车移动证、车辆行驶证等也需缴纳相应费用。

（2）保险费（图1-10）。根据车型不同、保险条款选择不同，费用有所区别。例如：10万元左右车基本保险费大约3 500元/年。

（3）燃油费（图1-11）。一般按每年行驶1.5万km，百公里耗油10 L计算（城市道路），全年耗汽油1 500 L，每升按6.00元计算，一年的汽油费约9 000元。

图1-10 汽车保险费

图1-11 燃油费

（4）保养费。一年一次小保养、一次大保养，A级车一年大约1 000元。

（5）零配件费。免维护蓄电池的正常使用寿命一般约4年；轮胎的使用寿命里程为8万～10万km；制动片使用寿命为4万～5万km，再加上电器等配件，每年大约需1 500元的零配件费用。

（6）正常修理费。汽车正常使用过程中，汽车总成大修等是不可避免的，各项修理的开支额度与汽车的档次直接相关。注：此项费用对于前一两年的新车均不涉及。

（7）年审费。车辆检测审验费大约为200元/2年。

（8）其他费用。主要指违章罚款、过路费、过桥费、意外修理费、停车费等。

 知识拓展

二手车选购

1. 选购二手车（图1-12）时的车辆检查

（1）检查是否属于事故车辆，应仔细从车门、车头部、车身及尾部等部件的接缝查看。如果车身几大块接缝处的缝隙大小不一、线条弯曲、装饰条脱落或缺失，证明该车属于事

故车,只是经过大修或整修,可能车身隐藏有较大缺陷,此车最好不要购买。

(2)检查车身外表是否重新喷漆。这往往能掩盖旧车的翻新,一般能从车窗四周和镶条上多余的漆流看出来。

(3)不要太相信仪表盘上的里程数。其实里程数只是一个参考,应检查原车的VIN 17位码即车辆身份证,从生产日期可大致推断出车辆的实际里程数。

图1-12 选购二手车

(4)车身内部也要细致检查。翻开地毯,看一看座椅支架、厢体底部有无锈迹或水印,检查是否是水浸车,千万不要被外表的亮丽装饰所蒙惑。同时也要检查配置是否齐全。

2. 购买前应核对的随车资料

购买二手车时,既要考虑车辆的现实技术性能是否与价格相适合,也要认定该车的来路是否正当,手续资料是否齐全且真实有效。因此,在购买二手车前,一定仔细核对以下材料,以免埋下隐患。

(1)查看该车出厂时的技术资料、产品合格证是否真实有效。

(2)查看该车的购置发票、车辆购置税缴纳凭据是否真实有效。

(3)查看该车的行车执照,核对该车的颜色、出厂日期、发动机号和底盘号与行车执照上的记载是否一致。

(4)查看该车的养路费、车辆保险、车船使用税是否在有效期内。

(5)查看该车本年度是否已年检。

(6)查看随车携带的汽车牌照是否真实齐全。

(7)对于2001年以前上牌照的车辆,原车主还应持有其本人在当地车辆管理部门办理的《机动车登记证》。

3. 购买时应遵守的交易规则

进行二手车交易必须有户口、有牌照。交易时,必须先到车辆户籍所在地的车辆管理所申请临时检验,合格后,填写过户申请表,方可正式交易。二手车交易需经机动车交易市场审核买卖双方出具的证明及上述各种手续资料。二手车成交价格,必须体现公平交易、随行就市、按质论价、旧不超新的原则。

调 查 问 卷

一、目的与要求

培养学生的主动性与积极性,模拟体现出学校学子的创业率,来证实管理和应用的可观性。

二、工作页

1. 您是如何了解汽车信息的?
    A. 报刊广告　　　B. 互联网站介绍　　C. 电视广播　　　D. 户外广告
    E. DM（直邮）　　F. DH（宣传单页）　G. 偶然发现　　　H. 朋友介绍
2. 您感兴趣的车型（车的品牌）是什么?
    A. 丰田　　　　　B. 大众　　　　　　C. 通用　　　　　D. 马自达
    E. 奇瑞　　　　　F. 国产SUV奔驰　　 G. 进口车路虎　　H. 其他
3. 您选购车辆最重视的标准是什么?
    A. 价格　　　　　B. 外观　　　　　　C. 动力　　　　　D. 安全性
    E. 经济性　　　　F. 舒适性　　　　　G. 售后服务　　　H. 其他
4. 您考虑在多长时间内购车?
    A. 1个月内　　　 B. 3个月内　　　　 C. 半年内　　　　D. 1年内
    E. 其他

您现在驾驶的车型是：_____

姓名：_____

电话：_____

E-mail：_____

地址：_____

邮编：_____

_____年_____月_____日

汽车性能的评价

（1）掌握各类汽车规格参数。
（2）了解如何评价汽车的性能。

任务导入

世界上有数千家汽车制造厂家，生产的汽车也多种多样，如何才能对同一类型的车辆

项目一 汽车选购与使用性能评价

福布斯2015年度最有价值品牌上榜汽车品牌排名表

品牌	总排名	品牌价值（美元/亿元）	品牌收益（美元/亿元）	较去年变化率（%）	行业排名
丰田	8	378	1710	21	1
宝马	16	275	835	−5	2
本田	23	226	1013	−3	3
奔驰	24	225	1066	−5	4
奥迪	39	128	632	1	5
福特	41	125	1393	13	6
雪佛兰	62	90	777	4	7
现代	64	84	528	7	8
雷克萨斯	66	80	180	4	9
大众	67	80	1395	−10	10
日产	75	73	966	−10	11
保时捷	78	70	219	10	12
起亚	97	62	429	−10	13

图1-13 汽车评价

进行评价（图1-13），又如何对不同的车型进行对比分析，是汽车从业人员面临的一个难题。那么通常用什么方法来对汽车进行评价呢？

对于不同类型的汽车，一些参数的重要性也各自不同。例如，轿车是以舒适性为主，注重于发动机功率参数、悬架参数、车厢装饰水平等；越野车是以通过性为主，注重于发动机扭矩参数、加速度、爬坡度、最小离地间隙等。因此，选购车辆要重视说明书上的一些性能介绍，以求得对某种车辆的了解。

知识准备

一、汽车规格参数

对于想要买车的消费者来说，除了向别人咨询和亲自到现场看车外，了解汽车性能的一种比较重要方式就是阅读汽车说明书，因为说明书提供了详细的参数。

消费者在购买新车时，销售商会提供一些印刷精美的汽车产品说明书，购车者在选车的过程中，应当留意这些资料并对各个品牌的汽车产品进行比较，以选择满意的适合自己的车辆。

一般而言，说明书有多项内容，其中有汽车性能规格表，记载了汽车尺寸、发动机、悬架、运行等参数和设备配置。这些内容是汽车制造厂家对产品性能最直接的描述。现以轿车为例说明如下：

1. 车辆尺寸（图1-14）

车辆尺寸一般包括长、宽、高、轴距、轮距、前后悬长和离地距等，这是汽车物理性能的基本要素。

（1）车长（图1-15）。也称汽车的总长，是汽车前、后最外端突出部位之间的距离。

图1-14 车辆尺寸

车长是对汽车的用途、功能、使用方便性等影响最大的参数。因此一般以长度来划分车身等级。车身长意味着纵向可利用空间大,这是显而易见的;但过长的车身会给调头、停车造成不便。一般中小型乘用车长 4 m 左右,接近 5 m 长的可算作大型车。

（2）车宽（图 1-16）。是指平行于车辆纵向对称平面,并分别抵靠在车辆两侧固定突出部位（后视镜、侧面标志灯、示位灯、转向指示灯、挠性挡泥板、折叠式踏板、防滑链、轮胎与地面接触部分变形除外）的两平面之间的距离。

车宽主要影响乘坐空间和灵活性。对于乘用轿车,如果要求横向布置的三个座位都有宽阔的乘坐感（主要是足够的肩宽）,那么车宽一般都要达到 1.8 m。近年由于对安全性的要求,车门壁的厚度有所增加,因此车宽也普遍增加。

（3）车高（图 1-17）。是指车辆在没有装载的情况下,支撑平面与最高突出部位之间的距离。车身高度直接影响重心（操控性）和空间。大部分轿车高度在 1.5 m 以下,主要是出于降低全车重心的考虑,以确保高速拐弯时不会翻车。

（4）轴距（图 1-18）。是通过车辆同一侧相邻两车轮的中点,并垂直于车辆纵向对称平面的两垂线之间的距离。简单地说,就是汽车前轴中心到后轴中心的距离。

轴距是影响乘坐空间最重要的因素,因为占绝大多数的两厢和三厢轿车,乘员的座位都是布置在前后轴之间的。一般而言,轴距越长的车乘坐越舒适,但其转弯半径也越大,而在停车时就需要较大车位。

（5）前、后悬（图 1-19）。车长 = 前悬 + 后悬 + 轴距。所以在车长一定的情况下,轴距越大,前、后悬便越短。除了一些小型车要竭力增加轴距来扩大乘坐空间外,一般轿车的悬长都不能太短,一来轴距太长会影响灵活性,二来要考虑机械零件的布局。

图 1-15　车长

图 1-16　车宽

图 1-17　车高

图 1-18　轴距

（6）轮距。是车轮在车辆支承平面（一般就是地面）上留下的轨迹中心线之间的距离。如果车轴的两端是双车轮，轮距是双车轮两个中心平面之间的距离。

汽车的轮距有前轮距（图1-20）和后轮距（图1-21）之分，前轮距是前面两个轮中心平面之间的距离，后轮距是后面两个轮中心平面之间的距离，两者可以相同，也可以有所差别。一般轿车的前轮距比后轮距略大（相差10～50 mm），即车身前半部比后半部略宽，这与空气动力学有关。

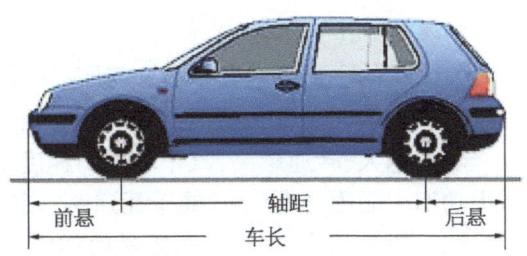

图1-19 前、后悬

一般来说，轮距越大，驾驶舒适性越高。但是，如果前轮距过宽，在转动转向盘时就会感到很"沉"，影响驾驶的舒适性。因此，轮距应与车身宽度相适应。

（7）最小离地间隙（图1-22）。是指汽车满载静止时，支承平面（地面）与汽车上的中间区域最低点的距离。最小离地间隙反映的是汽车无碰撞通过有障碍物或凹凸不平地面的能力。一般轿车的最小离地间隙为130～200 mm，越野车最小离地间隙普遍大于200 mm。

（8）最小转弯半径（图1-23）。是转向盘打到极限位置，车辆转向时外侧轮的轨迹圆半径。最小转弯半径代表了汽车通过狭窄弯曲道路或绕开障碍物的能力，最小转弯半径越小，说明汽车的机动性越好。一般来说，汽车的外形尺寸越小，其转弯半径越小。

图1-20 前轮距

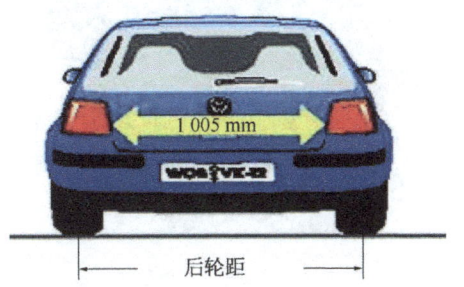

图1-21 后轮距

图1-22 最小离地间隙

图1-23 最小转弯半径

2. 发动机（图1-24）

发动机的主要参数是功率和扭矩。一般说明书中给出最大功率和最大扭矩。

（1）功率。功率是指物体在单位时间内所做的功。

功率越大，转速越高，汽车的最高速度也越高，常用最大功率来描述汽车的动力性能。最大功率一般用马力（ps）或千瓦（kW）来表示，1马力＝0.735 kW。

（2）扭矩（图1-25）。扭矩是使物体发生转动的力。

发动机的扭矩就是指发动机从曲轴端输出的力矩，它反映了汽车在一定范围内的负载能力。在功率固定的条件下，扭矩与发动机转速成反比，转速越快扭矩越小；反之越大。

（3）最高车速（图1-26）。最高车速是指在水平良好路面上汽车能达到的最高行驶车速。

（4）加速时间（图1-27）。加速时间是汽车的加速性能，包括汽车的原地起步加速时间和超车加速时间。原地起步加速时间，指汽车从静止状态下，由第一挡起步，并以最大的加速强度（包括选择最恰当的换挡时机）逐步换至高挡后，到某一预定的距离或车速所需的时间。目前，常用0～100 km所需的时间（秒数）来评价。超车加速时间，用最高挡或次高挡全力加速至某一高速所需要的时间。加速时间越短，汽车的加速性就越好，整车的动力性随即提高。

图1-24　发动机

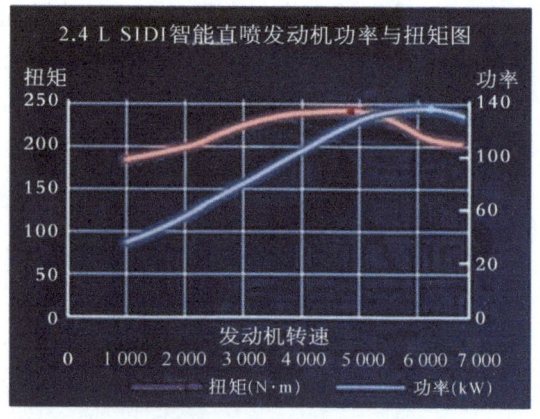

图1-25　扭矩图

图1-26　最高车速

图1-27　加速时间

（5）平均百公里油耗量（图1-28）。平均百公里油耗量是指汽车在道路上行驶时每百公里平均燃料消耗量。

（6）排量。活塞从上止点移动到下止点所通过的空间容积称为气缸排量，如果发动机有若干个气缸，所有气缸工作容积之和称为发动机排量。一般来说，排气量越大功率越大，如果在功率相当的情况下，排气量越小其油耗也就越低。

图1-28 油耗量

（7）排放标准。汽车排放是指从废气中排出的CO（一氧化碳）、$HC+NO_x$（碳氢化合物和氮氧化物）、PM（微粒、碳烟）等有害气体。上海目前执行国五标准。

3. 变速器（图1-29）

汽车变速器的功能是通过调整传动比，改变发动机曲轴的转矩，以适应在起步、加速、行驶以及克服各种道路阻碍等不同行驶条件下对驱动车轮牵引力及车速不同要求的需要。经过100多年的发展，车用变速器通俗来讲有手动和自动两种，但具体又分为手动变速器（MT）、自动变速器（AT）、手自动变速器（AMT）、手动/自动一体变速器、无级变速器五类。

图1-29 变速器

图1-30 底盘

4. 底盘（图1-30）

底盘的作用是支撑、安装汽车发动机及其各部件、总成，形成汽车的整体造型，并接收发动机的动力，使汽车运动，保证正常行驶。底盘由传动系、行驶系、转向系和制动系四部分组成。

5. 配置

一般是指除上述总成以外的设备和工艺技术。例如前照灯、玻璃、门锁、座椅、内饰、音响、空调、安全装置、便利装置等。配置分为两种：标准配置和选用配置。标准配置是该型号车的基本配置，必须具备。选用配置是根据用户要求而添加的附加配置。同系列不同档次车的主要差别就是配置上的不同，经济型车配置简单一些，豪华型车配置高级一些，因此一般轿车的介绍说明书都会将配置项目列得很详细。

目前，汽车安全性备受关注，汽车涉及的安全配置应该包括ABS（制动防抱死系统）、ESP（电子稳定程序）（图1-31）、安全气囊（图1-32）、安全带、电子防盗系统、倒车雷达

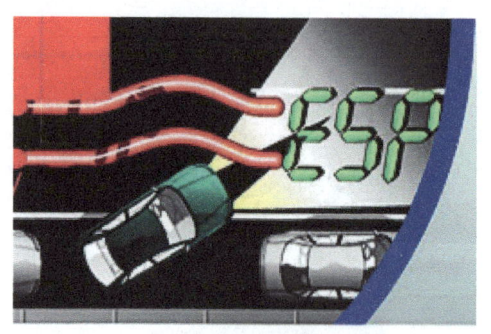

图1-31 电子稳定程序（AR）

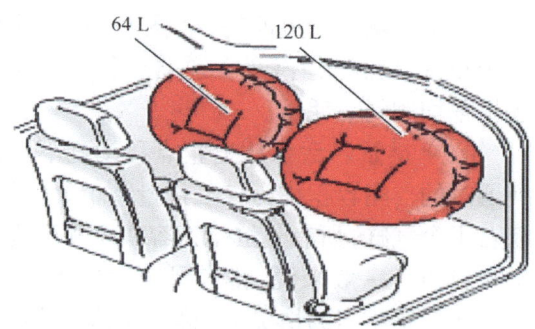

图1-32 安全气囊

等，许多以前只在高档车上才有的安全设施，如今在家用小轿车上也已成为标准配置。

二、评价汽车性能

厂商提供的说明书，是人们了解车辆性能的来源之一，它往往包括了该车的"血统"以及技术含量。但是，怎样才能从一大堆的术语中正确地来评价它，并对选购车辆做参考呢？现以上海大众新帕萨特举例（图1-33）。

图1-33 新帕萨特

1. 性能参数

（1）发动机形式：1.4 L、1.8 L、2.0 L、3.0 L，直列4缸、V形6缸，多点燃油电控喷射。

（2）发动机功率：96 kW/5 000 r/min、118 kW/4 500～6 200 r/min、147 kW/5 100～6 000 r/min、184 kW/6 400 r/min。

（3）发动机扭矩：220 N·m/1 750～3 500 r/min、250 N·m/1 500～4 500 r/min、280 N·m/1 700～5 000 r/min、310 N·m/3 500 r/min。

（4）最高车速：200 km/h、210 km/h、230 km/h、240 km/h。

（5）变速方式：5挡手动、6挡自动、6挡双离合、7挡双离合。

（6）压缩比：9.6∶1。

（7）燃油经济性：9.6 L/100 km。

（8）悬架：前悬架为麦弗逊式独立悬架、后悬架为多连杆式独立悬架。

（9）外形尺寸：4 870 mm×1 834 mm×1 472 mm。

（10）质量（整备质量）：1 435 kg、1 460 kg、1 520 kg、1 550 kg。

（11）轴距：2 803 mm。

2. 评价方法（图1-34、图1-35）

在一大堆术语中，考查发动机的性能最重要。从说明书中看到：新帕萨特搭载1.8TSI和2.0TSI两款涡轮增压发动机，以及一款3.0 L自然吸气发动机。以2.0TSI为例，其发动机最大功率147 kW/5 100～6 000 r/min,最大扭矩280 N·m/1 700～5 000 r/min,相当于2.4～2.8自然吸气发动机的动力输出。

一般而言,从该车的气缸数以及排量大小,大致就可以知道这辆车的马力(功率)是否强劲,在其他条件一定的情况下,马力(功率)越大,车速越高;扭矩越大,该车的牵引力越大。

为什么发动机最大功率和最大扭矩不是在同一转速下呢?因为发动机启动后,有一个最小稳定的工作转速,随着发动机转速不断增加,发动机的输出功率和扭矩也都随之增加,当达到1 700 r/min时,扭矩达到最大值,但此时的发动机功率并未达到最大值,再增加发动机转速,则扭矩减小,而功率继续增加,直至最大功率。选购汽车时,如果发现两辆车的最大功率接近,最大扭矩也一样,但相应的转速不一样,这在一定程度上表示:这两辆车的爬坡和加速特性是不一样的。当一辆车的最大扭矩表现在较低转速时,表明这辆车在低转速时牵引力较大,起步快和爬坡性能好;当一辆车的最大功率表现在较低转速时,稍提转速,功率会迅速增大,说明该车加速性好,很容易超车;而当一辆车的最大扭矩出现在较高转速时,则表明这辆车的后备功率大,在高速行驶中负荷率低,燃油经济性要差些,一般中高档汽车才会采用这样的发动机。不过随着科技的进步,现在生产厂商把最高扭矩和最大功率所在的发动机转速范围扩大,这样发动机的运行性能将更加卓越。

图1-34 汽车评价一

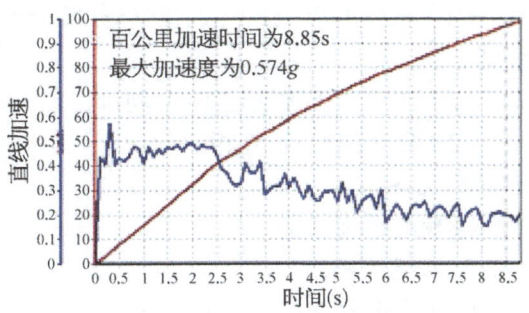

图1-35 汽车评价二

压缩比是指气缸中气体的最大容积与压缩后的最小容积之比。压缩比越大,在压缩终了时混合气的压力和温度便越高,燃烧速度也越快,因而发动机发出的功率就越大,经济性就越好。

最高车速和加速性能是评价汽车的两项重要指标。新帕萨特最高210 km/h的时速对家用轿车而言已经很高了。9 s的加速性能,是指该车从0加速到100 km/h时所需时间。在中型车中,表现也相当不俗。

燃油经济性这项指标是非常重要的,不过也是历来人们争议最多的一个方面。车厂一般在说明书上所给出的数据,是等速行驶时的燃料消耗,如等速(匀速)90 km时,油耗5 L。这个等速行驶工况,并没有全面反映汽车的实际运行情况,特别是在市区行驶中频繁出现的加速、减速、急速、停车等行驶工况。厂方提供的数据只能做部分参考。

总长、总宽、总高这三组数据,很好理解。但这个数据与轴距、轮距统一考虑就会有意义。轴距短些,车身就可能短,车辆本身就轻些,最小转弯半径也小,但在颠簸道路上的稳定会差些,轴距越短,车辆可能越颠。轮距大些,对增大车厢宽度与提高车身横向稳定性有利。厂家往往在有限的空间努力增大轴距和轮距。相同外形尺寸的车辆,轴距和轮距越大,稳定性可能越好,车内空间可能越大。

此外,有的厂商还提供了整车整备质量和汽车总质量这两个数据,前者表示车上带上全部装备包括随车工具、备胎等及加满燃料、水,但没有装货和载人时的质量。而后者则是指装备齐全,并按规定装满客、货时的整车质量。用汽车总质量减去整车整备质量,可以得出该车的载重量。一般而言,质量较大的车对高速行驶时的稳定性有一定帮助,但油耗会高些。

任务实施

查询资料,制定购车计划

随着人们生活水平的不断提高和汽车价格的逐步下降,汽车已渐渐进入普通百姓家庭,很多人已经把买车提上议事日程。

1. 目的与要求

(1) 根据要求,分小组上网查资料(给定购车款10万元、15万元、20万元)制定购车计划。

(2) 按要求正确选定车型,同价位比较,说出理由。

(3) 每小组交流,互相评分。

2. 设备

学校电子阅览室。

3. 注意事项

(1) 上网只查有关汽车资料。

(2) 遵守电子阅览室的规章制度。

(3) 小组讨论,不要大声喧哗。

(4) 小组互评时,要尊重他人。

4. 工作页

厂牌		
型号		
净车价(万元)		
发动机		
变速器		
排量(ml)		
最大功率(kW)		

项目一　汽车选购与使用性能评价

（续表）

最大扭矩（N·m）		
油耗（L/100 km）		
最高车速（km/h）		
0～100 km/h加速时间（s）		
排放标准		
转向		
悬架（Fr）		
悬架（Rr）		
轮胎		
车身质量（kg）		
车长（mm）		
车宽（mm）		
车高（mm）		
轴距（mm）		
轮距（F/R）（mm）		
最小转弯半径（m）		
最小离地间隙（mm）		
油箱容积（L）		
其他配置		

结论：_____

任务评价

序号	考核内容	配分	评分标准	教师评分	学生互评
1	能正确完成网上资料查询，遵守阅览室规章制度	20	理解，遵守　20 理解，不太遵守　15 不易理解，不太遵守　10 不理解，不遵守　5		

17

（续表）

序号	考核内容	配分	评分标准	教师评分	学生互评
2	能按要求完成工作页,理解每项内容的含义	20	理解,完成 20		
			理解,基本完成 15		
			不易理解,基本完成 10		
			不理解,没完成 5		
3	能按要求完成车型比较,所选车型符合要求	20	合理,符合要求 20		
			基本符合要求 15		
			不太合理 10		
			不符合要求 5		
4	小组讨论,人人发表意见,并做好记录	20	符合要求,完成好 20		
			基本完成 15		
			不太符合要求 10		
			没完成 5		
5	小组推选人员,讲解目的要求清楚	20	清楚 20		
			基本清楚 15		
			不太清楚 10		
			不清楚 5		
	分数合计	100	最终得分		

任务三　VIN汽车代码的识别

学习目标

（1）了解汽车VIN码由哪几部分组成以及VIN码在车辆上的位置。
（2）了解汽车的铭牌包含哪些内容以及如何识读汽车的铭牌。
（3）了解国产汽车的编号规则。

任务导入

目前世界各国汽车公司所生产的绝大部分汽车都使用了汽车识别代码（图1-36）。对于汽车识别代码的作用及其重要性，已被越来越多的人所认识和重视。无论是汽车整车及配件营销人员、汽车修理工、汽车保险人员、二手车评估人员，还是车辆交通管理人员以及与汽车相关的其他人员对性能特征等信息的了解、认识和掌握，汽车识别代码都是必不可少的信息工具，而且一旦汽车打上识别代码后，其代号将伴随汽车从注册、保险、年检、维修和保养，直到回收或报废的全过程。

图1-36　汽车识别代码

知识准备

一、VIN码的含义

汽车识别代码（vehicle identification number，VIN）是汽车制造厂为了识别一辆汽车而规定的一组字码，它由一组英文字母和阿拉伯数字组成，共17位，故又称17位码，如图1-37、图1-38所示。

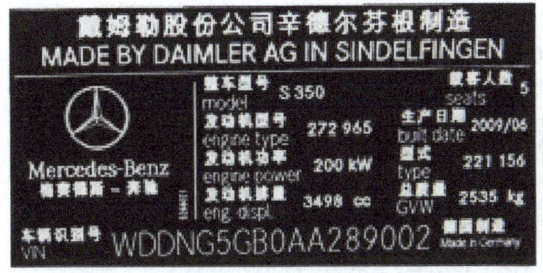

图1-37　VIN码一

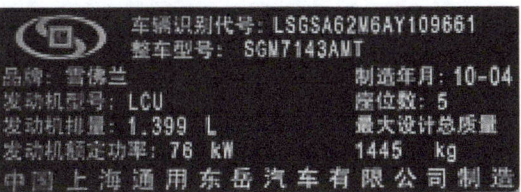

图1-38　VIN码二

17位VIN码的每一位代码都代表着汽车某一方面的信息参数。从该码中可以识别出车辆的生产国家、制造公司或生产厂家、车辆的类型、品牌名称、车型系列、车身形式、发动机型号、车型年款（属于哪年生产的年款车型）、安全防护装置型号、检验数字、装配工厂名称和出厂顺序号码等信息。

现行的VIN是按国际规定作为世界汽车通行的唯一身份标识。17位代码共分为三个部分：第一部分是必须经过申请、批准和备案才允许使用的世界制造商识别代码（WMI），由3个字码组成；第二部分是车辆的特征和特性说明部分（VDS），由6个字码组成；第三部分是车辆的指示部分（VIS），由8个字码组成。

1. 世界制造商识别代号（WMI）

第1位字码是由世界标准化组织（ISO）统一分配的标明地理区域或生产国家代码，第2位字码是标明特定地区的一个国家或汽车制造商代码，第1位和第2位字码组合起来是唯一识别国家的标识，第3位字码是标明特定制造商的标识或汽车类型代码（不同的厂商有不同的解释），前3位结合起来，就可以知其国和知其厂。

2. 车辆说明部分（VDS）

开头就是排在17位字码中第4位字码，是最大总质量（或排量）分级代码，第5位字码是按转向盘的位置和驱动桥进行车型划分的代码，第6位字码是发动机装配线的代码，第7位字码是车身类型的代码，第8位字码是发动机类型的代码，第9位字码是检验代码。

3. 车辆指示部分（VIS）

位于总位数第10位的字码是车辆的年代代码，第11位字码是装配工厂的代码；第12位字码是出厂时间代码，第13～17位字码是出厂顺序号的代码。

尽管世界各国的国情千差万别，各国在执行VIN码的过程中都有些商业上的技术处理，但是，编码的原则是规范的。所有的车辆识别代码都必须遵循VIN码的规则，都必须采用国际认可的阿拉伯数字和大写的英文字母，即1234567890ABCDEFGHJKLMNPRSTUVWXYZ（字母I、O和Q均不能使用）。

【例1–1】 某一丰田雷克萨斯汽车VIN码JT8UF11E8L0009438的含义。

第1位：制造国家。J为日本。

第2位：生产企业。T为丰田汽车公司。

第3位：车辆类型。8表示乘用车。

第4位：发动机形式。J为2JZ–GE3.0LV6，U为1UZ–FE4.0LV8，V为2VZ–F E2.5LV6或3VZ–FE3.0LV60。

第5位：汽车系列。C为ES300，F为LS400，K为ES300，U为LS400，V为ES250，Z为SC300/SC400。

第6位：汽车型号。1表示UCF10型LS400或UCK10ES300，2表示VCV21型ES250，3表示JZZ31型SC300或UZZ300型SC400。

第7位：系列分级。0表示SC400，1表示L400/SC300，2表示ES250，3表示ES300。

第8位：车身形式。C表示2门跑车，E表示4门轿车，T表示4门硬顶式。

第9位：工厂内部检验号。

第10位：车辆出厂年份。L为1990年。

第11位：装配厂。0为日本装配厂。

第12～17位：汽车生产序号。

根据编号规则，该日本丰田雷克萨斯汽车的17位码的含义为：日本丰田汽车公司制造的雷克萨斯乘用车，装用了1UZ–FE4.0LV8发动机，车型为UCF10型LS400，4门轿车，出厂检验号为8，1990年出厂，生产序号为009438。

【例1–2】 上海大众集团VIN码LSVHH133022204321的含义。

第1～3位：世界制造厂识别代码。LSV为上海大众汽车有限公司。

第4位：车身形式代码。H为四门加长型折背式车身。

第5位：发动机/变速器代码。H指AJR（06BC）[AYJ（06BC）]/2P。

第6位：乘员保护系统代码。0为安全带，1为安全气囊（驾驶员），2为安全气囊（驾驶员和副驾驶员、前座侧面），3为安全气囊（驾驶员和副驾驶员、前后座侧面），4为安全气囊（驾驶员和副驾驶员），5为安全气囊（驾驶员和副驾驶员、前后座侧面、头部），6为安全气囊（驾驶员和副驾驶员、前座侧面、头部）。

第7位和第8位：车辆等级代码。33表示上海桑塔纳轿车、上海桑塔纳旅行轿车、上海桑塔纳2000轿车，9F表示上海帕萨特轿车，9J表示上海Polo轿车，5X表示上海高尔夫轿车。

第9位：工厂检验代码。

第10位：生产年份代码。 2表示生产年份为2002年。

第11位：生产装配工厂。2为上海大众汽车有限公司。

第12～17位：工厂生产顺序代码。

注：上海大众集团的VIN码含义是按车辆生产年份分别定义的，以上仅适用于2001—2003年生产的车辆。

二、汽车上铭牌的内容

根据GB 7258—2012《机动车运行安全技术条件》车辆必须装置产品铭牌，铭牌应置于车辆前部易于观察之处的有关规定，汽车的铭牌有如下几个方面：

1. 车型标志（图1-39）

车辆在车身前部外表面的易见部位，应至少装置一个能永久保持的商标或厂标；在车身外表面的易见部位，应装置能识别车型的标志。

2. 产品标牌（图1-40）

车辆必须装置能永久保持的产品标牌。产品标牌应固定在一个明显的、不受更换部件影响的位置，其具体位置应在产品使用说明书中指明。

标牌应标明厂牌、车辆型号、发动机标定功率或排量（挂车除外）、总质量、载重量或载客人数（工程作业车除外）、出厂编号、出厂年月及生产厂名。

图1-39　车型标志

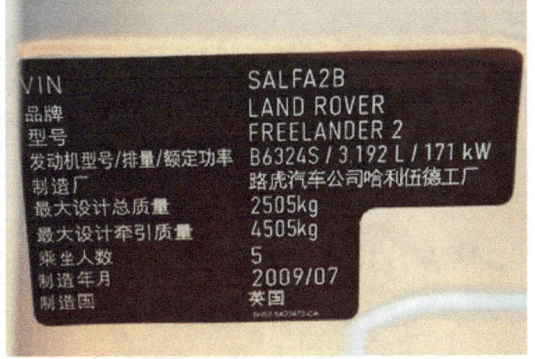

图1-40　产品标牌

图1-41 发动机型号

图1-42 出厂编号

图1-43 VIN码的位置一

图1-44 VIN码的位置二

3. 发动机型号（图1-41）

发动机型号应打印（或铸出）在气缸体易见部位，出厂编号应打印在气缸体易见且易于拓印部位，打印字高不小于7 mm，深度不小于0.2 mm，型号在前，出厂编号在后，在出厂编号的两端应打印起止标记。

4. 整车型号、出厂编号（图1-42）

整车型号和出厂编号应打印在车架（对无车架的车辆为车身主要承载，且不能拆卸的构件）易见且易于拓印部位，打印字高为10 mm，深度不小于0.3 mm，型号在前，出厂编号在后。在出厂编号的两端应打印起止标记，打印的具体位置应在产品使用说明书中指明，易于拓印的VIN码可代替整车型号和出厂编号。

三、汽车识别代码的安装位置

对于VIN码在汽车上的安装位置，各国汽车生产厂家的各类车型不尽相同。例如，美国规定VIN码应安装在汽车仪表板左侧（图1-43），在车外透过风窗玻璃可以清楚地看到而便于检查；而欧盟则规定VIN码应安装在汽车右侧的底盘车架上或标写在厂家铭牌上。

我国《车辆识别代号（VIN）管理规则》规定：汽车识别代码应尽量位于车辆的前半部分、易于看到且能防止磨损或替换的部分。对于小于或等于9座的乘用车和最大总质量小于或等于3.5 t的载货汽车，车辆识别代码应位于仪表板上靠近风窗立柱的位置，在白天日光照射下，观察者不需移动任一部件从车外即可分辨出车辆识别代码（图1-44）。

（1）通过书籍、网络了解《机动车安全运行技术条件》中对汽车的VIN码和铭牌的明确要求。

（2）在生活中，利用身边的汽车，看看自己能否找出车辆VIN码和汽车的铭牌，并明白VIN码、各铭牌所反映出的信息含义。

四、国产汽车的编制规则

以前，我国的车型分类较模糊，如轿车原意是一个轿子装上四个轮子，形象化但不准确，且国际上没有这个说法。GB/T 3730.1—2001《汽车和挂车类型的术语和定义》对汽车分类术语概念进行了定义。从2004年起，新旧两种标准并轨试行一年，到2005年全面实行按照新标准的统计分类，最终达到与国际接轨。

（一）国产汽车的分类方法

1. 乘用车

在设计和技术特性上主要用于载运乘客及其随身行李和（或）临时物品的汽车，包括驾驶员座位在内最多不超过9个座位。它也可以牵引一辆挂车。它可分为以下几类：

（1）小型乘用车（图1-45）。封闭式车身，通常后部空间较小；固定式硬车顶，有的顶盖一部分可以开启；有至少一排，2个或2个以上的座位；有2个侧门，也可有一个后开启门；有2个或2个以上侧窗。

（2）普通乘用车（图1-46）。封闭式车身，侧窗中柱有或无；固定式硬车顶，有的顶盖一部分可以开启；有至少两排，4个或4个以上座位；2个或4个侧门，或有一个后开启门。

（3）高级乘用车（图1-47）。封闭式车身，前、后座之间可以设有隔板；固定式硬车顶，有的顶部一部分可以开启；有至少两排，4个或4个以上座位，后排座椅前可安装折叠式座椅；有4个或6个侧门，也

图1-45　小型乘用车

图1-46　普通乘用车

图1-47　高级乘用车

图1-48 多用途乘用车

可有一个后开启门；有6个或6个以上的车窗。

（4）多用途乘用车（图1-48）。只有单一车室载运乘客及其行李或物品的乘用车。

注意：乘用车中，还有越野乘用车、专用乘用车、旅居车、防弹车等。

2. 商用车辆

在设计和技术特性上用于运送人员和货物的汽车，并且可以牵引挂车，乘用车不包括在内。商用车可分为以下几类：

（1）客车。在设计和技术特性上用于载运乘客及其随身行李的商用车辆，包括驾驶员座位在内座位数超过9座。有单层的或双层的，也可牵引一辆挂车。可分为小型客车、城市客车（图1-49）、长途客车、旅游客车等。

（2）货车。可分为普通货车、多用途货车（图1-50）、专用货车、专用作业车等。

（3）其他车辆。除上述车型外，还有挂车、汽车列车等。

图1-49 城市客车

图1-50 多用途货车

（二）国产汽车的编号方法

1988年颁布的GB 9417—1988《汽车产品型号编号规则》规定：自1989年1月1日以后设计的汽车与半挂车的型号一律按此标准来确定型号。汽车产品型号由生产企业名称或企业所在地区代号、车辆类别代号、主参数代号、产品序号组成，必要时还可附加企业自定代号，并按以下序列编排。

国产汽车型号编排规则如图1-51所示。

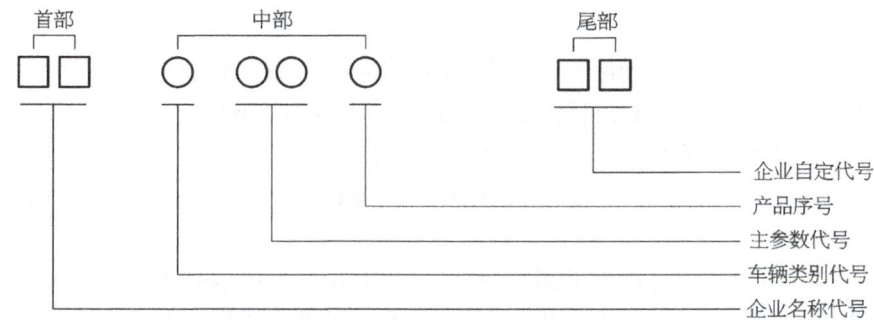

图1-51 国产汽车型号编排规则

专用汽车产品型号的构成如图1-52所示。

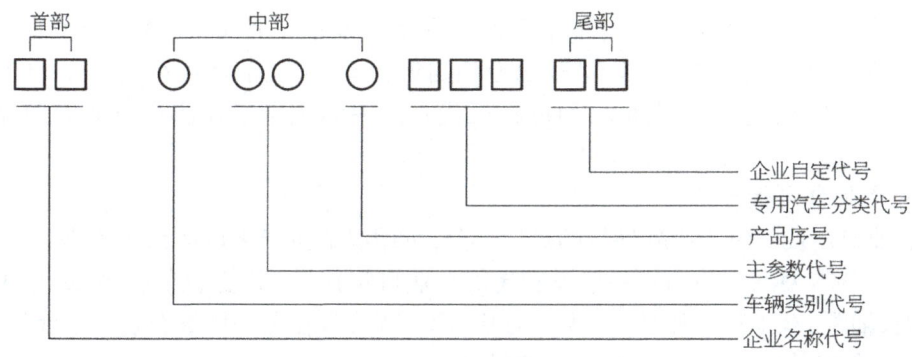

图1-52 专用汽车产品型号的构成

1. 企业名称代号

企业名称代号位于产品型号的首位,用代表企业名称或企业所在地地名的两个(或三个)汉语拼音字母表示。如北京、南京、济南、上海等地汽车厂分别用地名汉语拼音的第一个字母的大写表示。第二汽车制造厂用EQ表示,长春第一汽车制造厂用CA表示(20世纪50年代选定沿用至今,不符合国标规定,作为特例使用)。

2. 车辆类别代号(表1-1)

车辆类别代号位于产品型号第二部分,用一个阿拉伯数字表示。

表1-1 车辆类别代号

车辆类别代号	车辆种类	车辆类别代号	车辆种类	车辆类别代号	车辆种类
1	载货汽车	4	牵引汽车	7	轿车
2	越野汽车	5	专用汽车	8	—
3	自卸汽车	6	客车	9	半挂车及专用半挂车

3. 主参数代号

主参数代号位于产品型号的第三部分，用两个阿拉伯数字表示。

（1）载货汽车、越野汽车、自卸汽车、专用汽车与半挂车的主参数代号用车辆的总质量（t）表示。总质量在100 t以上时允许用三位数字表示。

（2）客车的主参数代号用车辆长度表示，当车辆长度小于10 m时，以1/10 m为单位来表示。

（3）轿车的主参数代号用发动机排量值，并以1/10 L为单位来表示。

按上述规定选取的主参数不足规定位数时，在参数前以"0"占位。

4. 产品序号

产品序号位于产品型号的第四部分，可依次选取阿拉伯数字0、1、2、…来表示。

5. 专用汽车分类代号

专用汽车还应在"产品序号"之后增加专用汽车分类代号。专用汽车分类代号用以反映汽车结构和用途特征的三个汉语拼音字母表示。其中，结构特征代号为：X表示厢式汽车、G表示罐式汽车、Z表示专用自卸汽车、T表示特种结构汽车、J表示起重举升汽车、C表示仓栅式汽车。用途特征代号按中国汽车工业协会行业管理标准规定执行。

6. 企业自定代号

企业自定代号位于产品型号的最后部分，可用汉语拼音字母或数字来表示，位数由企业自定。基本型汽车的编号一般没有尾部企业自定代号，其变型车（例如改用不同发动机、加长轴距、双排座驾驶室等）为了与基本型区别，常在尾部增加企业自定代号，表示同一种汽车但结构略有变化而需要区别时使用。

例如：第一汽车制造厂生产的第二代载货汽车CA1091；上海汽车制造厂生产的第二代轿车，发动机排量为2.232 L，其型号为SH7221。

发动机编号、VIN码的拓印

一、目的与要求

（1）学会通过查阅维修手册找到发动机编号、VIN码的正确位置。

（2）掌握正确拓印发动机编号及VIN码的步骤。

二、设备

实车2辆，白纸（簿），铅笔1支，印泥1盒，不干胶1卷，维修手册。

三、步骤

1. 拓印发动机编号

（1）查阅维修手册，找出发动机编号正确位置。
（2）用印泥涂满发动机编号。
（3）截取一小段不干胶粘在发动机编号上。
（4）在不干胶背面轻刮几下。
（5）撕下不干胶，取出预先准备的白纸。
（6）将不干胶再次贴在白纸上，轻刮几下。
（7）撕下即可。

2. 拓印VIN码

（1）找到发动机前端水箱上方的汽车VIN码。
（2）用预先准备好的白纸（簿）覆在铭牌上。
（3）用铅笔以45°方向轻轻地涂在白纸上。
（4）直到能清晰地看到VIN码上的字符。

发动机编号	
VIN码	

练一练

一、判断题（对的打√，错的打×）

1. 互联网是获得汽车信息的一个重要途径之一。（　）
2. "TECHCARE大众关爱"是一汽大众的营销服务品牌。（　）
3. 目前广州本田生产的车型有奥德赛、雅阁、思迪、飞度四种。（　）
4. 普锐斯（Prius）是丰田的油电混合动力车。（　）
5. 丰田锐志（Reiz）采用的是前置后驱的驱动方式。（　）
6. 前悬+后悬+轴距=车长。（　）
7. 汽车满载时的总质量称为汽车的最大总质量。（　）
8. 汽车驱动力的大小主要取决于发动机输出功率的大小。（　）
9. 经济车速是指很慢的行驶速度。（　）
10. 底盘由传动系、行驶系、转向系和制动系四部分组成。（　）
11. 车辆识别代码（VIN）是汽车的"身份证"，由17位字符组成。（　）

12. 汽车 VIN 码的第 9 位表示年份。（ ）

13. 某车 VIN 码中的头三位 "LSV" 代表的是上海大众汽车有限公司。（ ）

14. 某车 VIN 码中的头三位 "LSG" 代表的是一汽大众汽车有限公司。（ ）

15. "奥迪"是"通用"旗下的品牌。（ ）

二、单项选择题

1. 最早在中国市场生产并销售的车型是（ ）。
   A. 桑塔纳　　B. 凯越　　C. 奥迪　　D. 雅阁
2. 以下不是一汽大众生产的是（ ）。
   A. 宝来（Bora）　　　　　　B. 高尔夫（Golf）
   C. 开迪（Cady）　　　　　　D. 高尔（Gol）
3. "严谨就是关爱"是（ ）汽车公司的服务口号。
   A. 上海大众　　B. 一汽大众　　C. 丰田　　D. 本田
4. 以下（ ）排量的发动机不是上海大众生产的 Passat 领驭所配备的。
   A. 1.8　　B. 2.0　　C. 2.4　　D. 2.8
5. 上海于 2012 年 1 月取消（ ）费用。
   A. 养路费　　　　　　　　　B. 贷款道路建设车辆通行费
   C. 牌照　　　　　　　　　　D. 车船使用税
6. 汽车耗油量最少的行驶速度是（ ）。
   A. 低速　　B. 中速　　C. 全速　　D. 超速
7. 下列表述中，正确表述"车长"尺寸的是（ ）。
   A. 平行于车辆纵向对称平面，并分别抵靠在车辆两侧固定突出部位（后视镜等除外）的两平面之间的距离
   B. 车辆在没有装载的情况下，支撑平面与最高突出部位之间的距离
   C. 汽车前、后最外端突出部位之间的距离
   D. 转向盘达到极限位置，车辆转向时外侧车轮的轨迹圆的半径
8. 下列表述中，正确表述"最小转弯半径"尺寸的是（ ）。
   A. 平行于车辆纵向对称平面，并分别抵靠在车辆两侧固定突出部位的两平面之间的距离
   B. 车辆在没有装载的情况下，支撑平面与最高突出部位之间的距离
   C. 汽车前、后最外端突出部位之间的距离
   D. 转向盘达到极限位置，车辆转向时外侧前轮中心旋转平面轨迹圆的半径

9. 下列英文缩写中,表示"电子制动力分配"的是(　　)。
   A. ABS　　　　B. TCS　　　　C. ESP　　　　D. EBD
10. 下列英文缩写中,表示"防抱死制动系统"的是(　　)。
    A. ABS　　　　B. TCS　　　　C. ESP　　　　D. EBD
11. 车辆识别代码(VIN)中表示年份的是第(　　)位。
    A. 5　　　　　B. 8　　　　　C. 10　　　　　D. 12
12. 车辆识别代码VIN码由17位字符组成,第1～3位是世界制造商识别代码(WMI),代表上海通用的是(　　)。
    A. LSV　　　　B. LSG　　　　C. LFV　　　　D. LHG
13. 在常见的自动变速器的换挡区,表示"驻车"的字母是(　　)。
    A. P　　　　　B. R　　　　　C. N　　　　　D. D
14. 传动系统有多种布置方式,轿车常常采用"FF"方式。"FF"的方式是指(　　)。
    A. 发动机前置、前轮驱动　　　　B. 发动机前置、后轮驱动
    C. 发动机后置、后轮驱动　　　　D. 发动机后置、前轮驱动
15. 常用轿车的前悬架一般为(　　)。
    A. 四连杆式　　　　　　　　　B. 五连杆式
    C. 麦弗逊式　　　　　　　　　D. 六连杆式

项目二　汽车注册上牌与保险理赔

 项目概述

随着社会经济的发展和人们生活水平的提高,汽车作为代步工具正走进寻常百姓家。怎样才能让汽车合法上路行驶呢?这就必须办理汽车的注册登记、上牌等相关手续(图2-1)。随着汽车数量的急剧增加,造成了道路通行不畅、交通事故频发等一系列交通安全问题。车辆保险是广大车主对处理事故风险的一种非常重要的手段,由于不少车主对车辆保险理赔缺乏必要的常识,引发了索赔时的困难。针对车主面临的这些问题,本项目带领大家学习汽车的注册、上牌与保险的相关知识。

图2-1　汽车合法上路

学习目标

(1)了解机动车注册登记的必要性,掌握机动车注册登记的相关手续和程序。
(2)能结合当地具体情况拟定上牌流程图。
(3)通过访问当地车辆管理部门,模拟机动车上牌的实际操作过程。

任务导入

购买了机动车后，必须遵守相关法律、法规，到相关部门办理相应的、合法的手续（图2-2），才能使车辆行驶合法化。就像父母生下孩子后，要给孩子取个名字，之后还得去派出所报户口，领取身份证。

知识准备

图2-2 购车手续

一、汽车注册与上牌的流程

1. 到税务部门缴纳车辆购置附加费（图2-3）

（1）办理地点：税务局税收征稽大厅（图2-4）（或交通部门代收）。

（2）相关材料：① 车主（及经办人）身份证复印件；② 车辆合格证复印件；③ 购车发票（或者进口车许可证、关税单、海关货物进口证明书）（图2-5）。

（3）征收标准：① 国产车为车价×10%；② 进口车为（到岸价＋关税＋消费税＋增值税）×10%。

（4）办理结果：完税之后领到一张"代征车辆购置税收据"以及"车辆购置税完税证明"。

2. 给新车购买保险（详见任务二）

3. 车管所登记注册（图2-6）

1）应当提交的证明、凭证

（1）机动车所有人的身份证明。如果以个人名义注册登记，就是车主本人的身份证（原件）。如果车主本人户籍地与车辆注册地不统一，那么汽车注册时，除车主本人身份证外，还需要车主在当地的有效居住证。如果是以单位名义注册登记，就需要单位的"企业法人代码证书"和市标准局核发的单位登记IC卡。

图2-3 车辆购置税

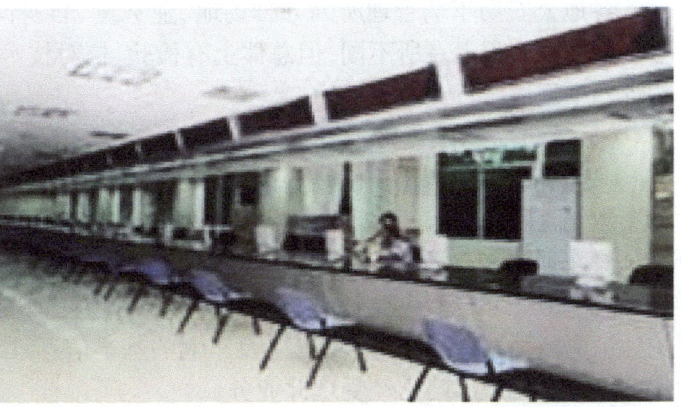

图2-4 税收征稽大厅

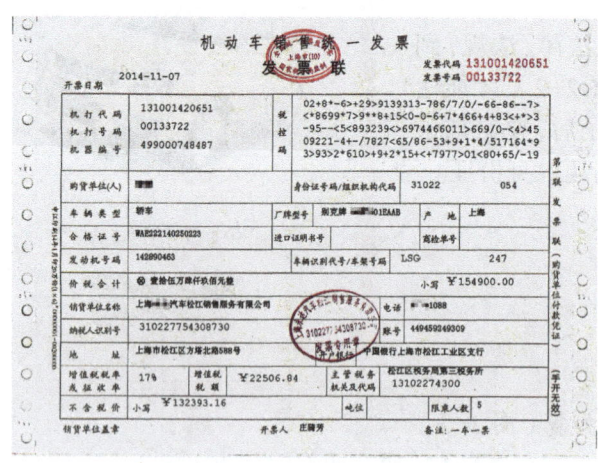
图2-5 购车发票

图2-6 机动车登记证书

（2）机动车来历证明。这些是购车时汽车经销商应当提供给车主的凭证：汽车合格证和购车发票。汽车合格证是证明该车为正规汽车厂家生产的国家汽车目录注册的合格产品。购车发票则是证明该车为车主合法所得。如果是进口汽车，就是由国家海关或国家工商总局核发的"货物进口证明书"和国家定点销售进口车辆单位的专用发票。

（3）车辆购置税的完税证明或者免税证明。这里的税就是车辆购置附加税，由国家税务局负责征收。

（4）填写"车辆注册/转入登记申请表"。该表在车管所领取，该表如是以个人名义登记的，需车主本人签名；如是以单位名义登记的，则需单位盖章。

2）汽车注册登记程序

汽车办理注册登记须携带上述凭证资料和新车到当地车辆管理所去办理（图2-7）。汽车注册登记在地市级以上的公安局车辆管理部门办理，县级公安局车辆管理所只办理摩托车等"五小车辆"的登记业务。

各地公安局车辆管理所因办公场地、业务量、自身岗位设置的不同，在具体办理注册登记的业务流程上有所不同，但总体上有检验、核对技术参数、登记审核、选号、装牌照相、领证六个程序。

（1）检验：新车免检。

（2）核对技术参数：就是根据汽车合格证注明的车型，按照国家公布的上牌车辆技术参数光盘目录与车辆进行核对，主要是外形尺寸、主要部件的型号数量（如发动机、轮胎）、整车质量和总质量等。

（3）登记审核：主要是审核车主提供的各项凭证资料是否齐全、真实、有效，并将相关凭证资料留存建档，同时将车主及车辆的基本信息录入计算机系统，出具受理凭证，表示公安车辆管理部门已经受理此业务。

（4）选号：也就是俗称的"拍号"，是上牌过程中最有意思也是最"激动人心"的一环。

项目二　汽车注册上牌与保险理赔

图2-7　办证中心

图2-8　挂车牌

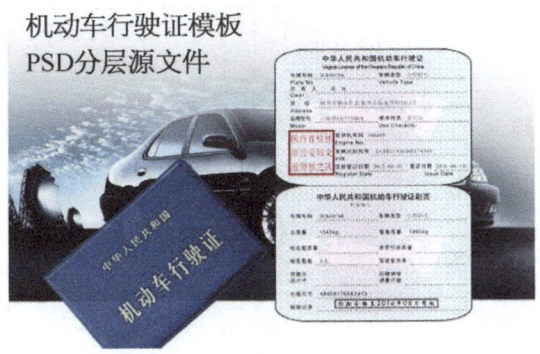

图2-9　机动车行驶证

图2-10　检验合格标志

（5）装牌照相：选号以后，去车管所牌证管理岗领取号牌，在指定的地点装牌照相（图2-8）。

（6）领证：将汽车照片和车管所的受理凭证交到牌证管理岗，领取《中华人民共和国机动车行驶证》（图2-9）、《中华人民共和国机动车登记证书》、检验合格标志（图2-10）。

4．缴纳税费

汽车领取牌证以后，要上路行驶，还需要缴纳有关税费。

二、汽车注册与上牌的注意事项

根据公安部72号令公布的《机动车登记规定》，有下列情况的，公安机关交通管理部门不予办理注册登记：

（1）机动车所有人提交的证明、凭证无效。

（2）机动车来历凭证涂改，或者机动车来历凭证记载的机动车所有人与身份证明不符。

（3）机动车所有人提交的证明、凭证与机动车不符。

（4）机动车未经国家机动车产品主管部门许可生产、销售或者未经国家进口机动车主管部门许可进口。

（5）机动车的有关技术参数与国家机动车产品主管部门公告的数据不符。

33

（6）机动车达到国家规定的强制报废标准。
（7）机动车属于被盗抢车辆。
（8）其他不符合法律、行政法规规定的情形。

 任务实施

模拟填写机动车注册登记申请表

机动车所有人	姓名/名称			联系电话	
	住所地址			邮政编码	
	暂住地址			邮政编码	
	身份证明名称		号码		☐常住人口 ☐暂住人口
机动车	机动车使用性质	☐公路客运 ☐公交客运 ☐出租客运 ☐旅游客运 ☐租赁 ☐货运 ☐非营运 ☐警用 ☐消防 ☐救护 ☐工程抢险			
	机动车获得方式	☐购买 ☐法院调解、裁定、判决 ☐仲裁裁决 ☐继承 ☐赠予 ☐协议抵偿债务 ☐资产重组 ☐资产整体买卖 ☐调拨 ☐境外自带			
	机动车厂牌型号				
	车辆识别代号/车架号				
	发动机号码				
相关资料	来历凭证	☐销售/交易发票 ☐《调解书》 ☐《裁定书》 ☐《判决书》 ☐相关文书 ☐批准文件 ☐调拨证明 ☐《仲裁裁决书》		机动车所有人签章：	
	进口凭证	☐《货物进口证明书》 ☐《没收走私汽车、摩托车证明书》 ☐《中华人民共和国海关监管车辆进（出）境领（销）牌证通知书》			
	其他	☐国产机动车的整车出厂合格证 ☐身份证明 ☐《协助执行通知书》 ☐《公证书》			
申请方式	☐由机动车所有人申请 ☐机动车所有人委托_____代理申请				（个人签字/单位盖章） 年 月 日
代理人	姓名/名称				联系电话
	住所地址				
	身份证明名称		号码		代理人签章：
	经办人	姓名			
		身份证明名称	号码		
		住所地址			（个人签字/单位盖章）
		签字	年 月 日		年 月 日

提示：填表说明在背面。

任务评价

（1）对学生评价。

方法 评价内容	会 能独立填写	不太会 不能全部独立填写	不会 不能独立填写
机动车所有人			
机动车			
相关资料			
申请方式			
代理人			

（2）在任务结束时，向学生进行教学信息调查。

程度 评价内容	理解 通俗易懂	理解 不易懂	不易理解 不易懂	不理解 不懂
教学目标				
教学内容				
教学过程设计				
教师授课信息				
意见和建议				

任务二　汽车保险相关知识

（1）了解机动车辆保险。
（2）了解一般投保程序。
（3）了解二手车如何投保及注意事项。

任务导入

由于道路交通情况复杂、车辆行驶速度快，或受自然灾害影响，车辆极易发生意外事故（图2-11），从而导致车辆损坏、财产损失或人员伤亡。尽管安全驾驶的警示随处可见，但车祸的发生仍无法完全避免，给肇事者和受害者带来人身伤害和财产损失。为保障车祸中受害方的利益（尤其是为了保障第三者的伤者能得到及时医治），

图2-11 意外事故（AR）

目前绝大多数地方政府把第三者责任险作为机动车辆强制性投保险种。不投保该险种，车辆就无法上牌和年检。对于车辆的拥有者和使用者，如果为爱车投保了车辆保险，在出险后则可获得保险责任范围内的赔偿，避免车祸带来巨大的经济损失。

知识准备

一、机动车辆保险

机动车辆保险又称汽车保险，是指对机动车辆由于自然灾害或意外事故（图2-12）所造成的人身伤亡或财产损失负赔偿责任的一种商业保险（图2-13）。

通过投保汽车保险转移自身风险，这是车辆拥有者防范和化解自身风险最为有效的方式。在投保之前，必须对汽车保险的条款有所了解。

1. 汽车保险的组成

（1）主险：车辆损失险、第三者责任险。

（2）附加险：盗抢险、自燃险、玻璃单独破碎险、新增设备损失险、车上责任险、不计免赔率险。

图2-12 机动车辆意外事故

图2-13 车险理赔

备选的商业险种比较多,车主不可能买全所有险种,要根据自身需求进行选择。选择的险种越多,所获得的保障也就越全面;选择的保额越高,保险公司的赔付比例也越高。相反,选择的险种少、保额低,车主所获得的保障有限,但同时所缴纳的保费也少。因此,如何选择险种和确定保额(图2-14),用较少的投资获得最大的风险保障,这其中存在一定的知识和技巧。

图2-14 机动车定损中心

2. 各险种的含义

(1)机动车交通事故责任强制保险。由保险公司对被保险机动车发生道路交通事故造成受害人(不包括本车人员和被保险人)的人身伤亡、财产损失,在责任限额内予以赔偿的强制性责任保险。

(2)第三者责任险。负责保险车辆在使用中发生意外事故造成他人(即第三者)人身伤亡或财产直接损毁的赔偿责任。

(3)车辆损失险。负责赔偿由于自然灾害或意外事故造成车辆自身损失。

(4)全车盗抢险。负责赔偿保险车辆因被盗窃、被抢劫、被抢夺造成车辆的全部损失,以及其间由于车辆损坏或车上零部件、附属设备丢失所造成的损失。车辆丢失后可从保险公司得到车辆实际价值80%的赔偿。

(5)车上责任险。负责保险车辆发生意外事故造成车上人员人身伤亡和车上所载货物直接损毁的赔偿责任。

(6)不计免赔特约险。只有在同时投保了车辆损失险和第三者责任险的基础上方可投保本保险。办理了本项特约保险的机动车辆发生保险事故造成赔偿,对其在符合赔偿规定的金额内按基本险条款规定计算的免赔金额,保险人负责赔偿。也就是说,办了本保险后,车辆发生车辆损失险及第三者责任险方面的损失,全部由保险公司赔偿。这是1997年才有的一个非常好的险种。

(7)新增设备损失险。指保险车辆在原有附属设备外,被保险人另外加装或者改装的设备与设施,如添加自己中意的音响设备、真皮或电动座椅等,有的新增设备价值达数万元,为了防止这些设备因事故遭受损失,可以投保新增设备损失险。

二、一般投保程序

投保即投保人向保险人表达缔结保险合同的意愿。

1. 了解保险条款与费率

不同地区汽车保有量、道路状况、治安状况不同,危险因素也就不一样,这是拟订费率的依据。新车险条款的理念是,费率的高低与驾驶员相关,所保车辆一年不出险,可优惠保费的10%。第二年不出险可优惠20%,最高优惠到30%。一般一年出险一次正常,如果同一辆车一年出险两次,第二年就要提高保费5%,如果出险三次就要提高保费10%。

2. 选择中意的保险公司

(1) 资产结构好。

(2) 偿付能力强。

(3) 信用等级优。

(4) 管理效率高。

(5) 服务质量好。

3. 仔细阅读并填写投保单

(1) 投保人和被保险人情况:姓名、地址。

(2) 驾驶员情况:住址、性别、年龄、健康状况、驾龄、违章情况等。

(3) 保险车辆情况:车本身资料(号牌号码、厂牌型号、发动机号、车架号、车辆种类、座位/吨位、车辆颜色)、车的使用性质。

(4) 投保险种及期限:保险金额和赔偿限额(分险种列明,主险、附加险)通常为一年,也可根据实际情况选择短期保险。

(5) 投保人签单:两个"确认"——确认属实,确认知道。

4. 缴纳保险金,收取正式保单

(1) 投保单:是投保人申请投保保险的一种书面凭证。投保单通常由保险公司提供,由投保人填写并签字或盖章后生效。保险公司根据投保人填写好的投保单的内容出具保险单正本。

(2) 保险单:也称保险单正本,是保险公司与投保人订立保险合同的书面证明。保险单由保险公司出具,主要载明保险公司与被保险人之间的权利、义务关系。它是被保险人向保险公司进行索赔的凭证。

校外实习基地实践教学

通过实践获得的知识,是学生通过自己的体验、思索获得的,它具有更好的学习效果以及记忆的持久性。

1. 目的与要求

（1）充分认识实践环节在本课程中的重要作用，认真设计各个知识模块的实践教学内容，达到应有的教学效果。

（2）到4S店、车辆定损点或汽车上牌点进行参观学习，通过这样的实践教学环节设计及实践，学生的实践能力得到了极大的提高。

2. 设备

与多家汽车维修厂、保险公司建立了合作关系，使其成为实习基地，可以承接学生的实习教学任务。

3. 注意事项

（1）遵守校外实习基地的工作规章制度。

（2）8～10人一组，互相帮助，完成工作页。

（3）小组讨论，不要大声喧哗。

（4）小组互评时，要尊重他人。

4. 工作页

班级：	姓名：	学号：	指导教师：

任务题目	
任务内容	步骤： 成果：
实践心得	
教师评语	

年　月　日

任务三 汽车保险理赔程序

学习目标

（1）了解车辆定损理赔步骤。
（2）了解保险理赔要点及注意事项。

任务导入

车辆保险后，出现诸如车辆被盗、上路行驶发生交通事故等保险事故情况时，如何有效地向保险公司提出理赔，趋利避害，减少损失，化解风险，成为每个车辆拥有者所必须考虑的问题。面对意外情况的发生，了解车辆理赔步骤、保险理赔（图2-15）要点及注意事项，才能临危不乱，化险为夷。

图2-15 汽车保险理赔（AR）

知识准备

一、车辆定损理赔的步骤

当发生保险合同约定的保险事故后，被保险人应按照以下步骤办理索赔：

1. 保护事故现场、抢救伤员、迅速报案（图2-16）

车险条款通常规定在出险后48 h内报保险公司，否则保险公司有权拒绝赔偿。如果委托他人代为报案，报案人还应携带身份证及被保险人出具的代为报案委托书。

各保险公司都设置了出险后的报案电话，在保险单或保险卡上都有明显标注，出险后应及时通过电话联系方式报案，这是最快、最省事的一种报案方式。

2. 定损修理

因保险事故导致的车辆所有损失在修复之前，必须经保险公司定损，以核定损失项目及金额；定损完毕后才可修理受损车辆；给第三者造成人身或者财产损害所支付的赔偿金，理赔前也要经保险公司核定赔偿项目和相关证据、数额。

图2-16 报案

3. 特殊案件的理赔

当车辆被盗或被抢时,应该先向公安机关报案,应在24 h内通知出险地的派出所或刑警队;然后向保险公司报案,车辆被盗或者被抢48 h内携带个人资料到保险公司填写《机动车辆保险出险通知单》,办好登记手续。3个月内车辆未能寻回的,可带齐以下证件到保险公司索赔:公安机关开具的失窃证明、保险单正本、被保险车辆的行驶证、驾驶员的驾驶执照、被保险人的身份证原件、报案人的身份证原件及车辆的钥匙。

4. 车辆理赔的基本流程(图2-17)

出现交通事故后,首先要做的是及时报案。出了交通事故,除了向交通管理部门报案外,还要及时向保险公司报案。一方面让保险公司知道投保人出了交通事故;另一方面也可以向保险公司咨询如何处理、保护现场,保险公司会告知如何向对方索要事故证明等。车主在理赔时的基本流程如下:

(1)出示保险单证。
(2)出示行驶证。
(3)出示驾驶证。
(4)出示被保险人身份证。
(5)出示保险单。
(6)填写出险报案表。
(7)详细填写出险经过。
(8)详细填写报案人、驾驶员和联系电话。
(9)检查车辆外观,拍照定损。
(10)理赔员带领车主进行车辆外观检查。
(11)根据车主填写的报案内容拍照核损。
(12)理赔员提醒车主车辆上有无贵重物品。
(13)理赔员开具任务委托单确定维修项目及维修时间。
(14)车主签字认可(图2-18)。
(15)车主将车辆交于维修站维修。

以上是车主和保险公司保险理赔员必须要做的。事实胜于雄辩,车主一定要注意做好前期工作,避免事后理赔时麻烦被动(图2-19)。

5. 单方事故的处理及索赔程序

单方事故是指不涉及人员伤(亡)或第三者财物损失的单方交通事故。例如,碰撞外界物体,自身车辆损坏,但外界物体无损坏或者无须赔偿。

单方事故是最为常见的一类事故,因为不

图2-17 车险理赔

图2-18 车主签字认可

图2-19 看清保险条款

涉及第三者的损害赔偿,仅仅造成被保险车辆损坏,为被保险车辆负全部责任,所以事故处理非常简单,单方事故处理及保险索赔程序如下：

（1）报案。事故发生后,保留事故现场,并立即向保险公司报案。

（2）现场处理。

① 损失较小（1万元以下）的,保险公司派人到现场查勘,并出具《查勘报告》。

② 损失较大（1万元以上）的,如查勘员认为需要报交警处理,会向交警部门报案,由交警部门到现场调查取证,并出具《事故认定书》。

（3）定损修理。

① 车主将车辆送抵定损中心并同时通知保险公司,定损。

② 修理厂修车。

③ 车主提车。

（4）提交单证进行索赔。收集索赔资料交保险公司办理索赔手续。

（5）损失理算。保险公司收到齐备的索赔单证后进行理算,以确定最终的赔付金额。

（6）赔付。保险公司财务人员会根据理赔人员理算后的金额,向车主指定账户划拨赔款。

6. 双方事故的处理及索赔程序

双方事故是指不涉及人员伤亡,但涉及第三者财物损失、事故责任明确的双、多方交通事故。例如,车辆追尾,后车负全部责任,对方或两方车辆均损坏；碰撞防护栏,车辆负全部责任,护栏损坏也需赔偿。双方事故处理及保险索赔程序如下：

（1）报案。

① 事故发生后,保留事故现场,并立即向保险公司报案。

② 如第三方损失为道路设施或车辆,需向交警部门报案。

（2）现场处理。

① 保险公司人员到达现场,并出具《查勘报告》。

② 交警部门到达现场,并现场出具《事故认定书》。

注意：一般情况下,如果在向保险公司报案时,保险公司要求向交警报案时,保险公司人员无须到现场处理。

（3）第三者修理。

① 如果第三者是非机动车,则最好要求保险公司人员在进行现场处理时,直接达成三方（第三者、保险公司、车主）公认的一个核损价格。如果当场不能核定损失,则在进行第三者损失核定的时候或者过程中,要求保险公司给出核损价格。

注意：如果不经过保险公司允许,自行答应第三者有关索赔金额的承诺,保险公司有权推翻该承诺。如果重新核定的价格与第三者的要求有差距,则这个差距会由车主自行承担。

② 如果第三者是机动车,则要分以下两种情况：如果第三者同意与车主一同前往车主选定的修理厂进行修理,则当场不必支付第三者任何现金。如果第三者要求去自己选定的修理厂进行修理,也就是说第三者将与车主去不同的修理厂进行车辆修理时,第三者可能要求车主在事故现场先支付一部分修理费用,或称押金、定金（因为担心事后找不到

车主或者事后车主不认账),切记:现场掏钱,一定要立收据;支付一半的修理费用比较适当(因为也有可能发生事后第三者不认账的情况)。

注意1:第三者车辆修理完毕后,车主必须先将修理费交付给第三者或者第三者选择的修理厂,然后拿到第三者的修理发票及维修明细才能进行保险索赔。如果事后第三者不提供相关资料或者找不到第三者时,第三者的维修费用保险公司是不能赔付的。

注意2:上文提到在现场掏钱时,要第三者立收据,虽说这种收据是不能作为赔偿依据的,但是这种收据至少可以避免第三者事后不认账的情况。因为第三者修理完毕后,车主必须先将修理费交付给第三者或者第三者选择的修理厂,如果没有这个收据,万一第三者不认账,车主到底应该在第三者车辆修理完毕后,支付多少钱呢?

(4)车辆定损修理。

① 将车辆送抵定损中心并同时通知保险公司,定损。

② 修理厂修车。

③ 车主提车。

(5)提交单证进行索赔。收集索赔资料交保险公司办理索赔手续。

(6)损失理算。保险公司收到齐备的索赔单证后进行理算,以确定最终的赔付金额。

(7)赔付。保险公司财务人员会根据理赔人员理算后的金额,向车主指定账户划拨赔款。

二、保险理赔要点及注意事项

(1)保卡随车携带。随车一定要携带机动车辆保险卡,上面有保单号码、车型车号等重要信息,一旦车辆出险,在向公安部门报案的同时,也要向保险公司报案。拨打保险公司热线电话时,需要提供保单号码、出险时间、地点、事故性质等基本情况。

(2)索赔时要直接找保险公司,不要找代理人,代理人没有理赔权(图2-20)。

(3)维修合同不可轻视。被保险人如果要委托修理厂办理理赔,或者将事故赔偿费直接划给修理厂,应该亲自签订授权委托书,并报保险公司备案。修理时,与修理厂签订质量合同,这样才能维护自己的合法权益。

(4)有效证件不能少。行车证、驾驶证、保单、身份证复印件、停车场的停车发票等,都是在理赔时必要的证件。

(5)车辆发生损坏,索赔前不要先行修复,一定等保险公司核定损失后再修。

(6)责任未明要报警。责任未明的事故一定要报警,也要第一时间通知保险公司进行查勘。

(7)结合车损险、第三者责任险中的责任免除条款,提醒广大车主主要防止以下常见情形的出现(图2-21):

① 车辆未年检。

② 车辆未上牌。

③ 车辆转卖,未办理保单批改。

图2-20 找保险公司

图2-21 注意免赔条款

④ 被保险人交通肇事逃逸。
⑤ 肇事驾驶员所持驾驶证未审验。
以上几点保险公司不承担赔偿责任。

三、保险理赔纠纷处理

保险合同在履行过程中，双方当事人经常会因保险责任归属、赔偿金额的多少而出现争议。应采用适当方式，公平合理地处理。

按照惯例，对保险业务中发生的争议，可采取以下措施：

（1）协商和解。在争议发生后，双方应实事求是有诚意地进行磋商，彼此做出适当的让步，达成双方都能接受的和解协议。

（2）仲裁。仲裁是由合同双方当事人在争议发生之前或之后达成书面协议，愿意把他们之间的争议交给双方都同意的第三者进行裁决（图2-22）。

（3）诉讼。诉讼解决保险纠纷，指的是人民法院依法定诉讼程序对保险纠纷予以审查，在查明事实、分清责任的基础上做出判决或裁定。诉讼解决保险纠纷是人民法院的司法活动，其所做出的法律裁判具有国家强制力，当事人必须予以执行（图2-23）。

图2-22 仲裁

图2-23 诉讼

练一练

一、判断题（对的打√，错的打×）

1. 汽车在购买后，上牌前，不需临时移动证也可上路。（　　）
2. 新车上牌之前，必须到当地车辆管理所先给机动车注册登记。（　　）
3. 用户购入新车，须缴纳相关税费，登记注册，领取证照，方能以合法身份正式上路行驶。（　　）
4. 汽车牌照的号码由电脑自动产生，车主没有选择权。（　　）
5. 机动车行驶证由主页和副页组成，且必须随车携带，以便于公安交通管理部门的检查。（　　）
6. 只要驾驶技术高超，能确保行车安全，可不购买汽车保险。（　　）
7. 机动车交通事故责任强制保险是强制性险种，必须投保。（　　）
8. 投保全车盗抢险后，若车辆丢失，可从保险公司获得车辆实际价值的全额赔偿。（　　）
9. 购买了各种保险，一旦出了事故都能获得赔偿。（　　）
10. 汽车经销商一般都有临时移动证提供，以便于新车去验车上牌。（　　）
11. 汽车保险是保险人通过收取保险费的形式建立保险基金。（　　）
12. 机动车交通事故责任强制保险并不是强制性险种。（　　）
13. 我国汽车保险中的附加险可以独立保险。（　　）
14. 不计免赔特约险属于基本险的一种。（　　）
15. 出了交通事故，除了向交通管理部门报案外，还要及时向保险公司报案。（　　）

二、单项选择题

1. 办理汽车注册登记需携带（　　）。
   A. 身份证、户口本　　　　　　　　B. 车辆合格证、购置附加费证
   C. 保险单、购车发票　　　　　　　D. 都需要
2. 办理汽车上路手续的先后顺序，正确的是（　　）。
   A. 注册登记→领取车辆行驶证→办理车辆保险→办理临时移动证
   B. 办理车辆保险→注册登记→领取牌照→领取车辆行驶证
   C. 领取牌照→办理车辆保险→注册登记→缴纳养路费
   D. 办理临时移动证→缴纳车船使用税→领取牌照→办理车辆保险
3. 办理汽车上牌的先后顺序是（　　）。
   A. 领证→电脑选号→拍摄车辆照片→车辆检测
   B. 拍摄车辆照片→安装车辆牌照→领证→缴纳车船使用税和养路费
   C. 电脑选号→安装车辆牌照→拍摄车辆照片→领证
   D. 没有先后顺序

4. 机动车行驶证上没有的信息是（　　）。
   A. 发动机号码　　　　　　　　　　B. 车牌号码
   C. 车辆照片　　　　　　　　　　　D. 车主身份证号码

5. 投保时投保人应携带（　　）。
   A. 行驶证、驾驶证　　　　　　　　B. 行驶证、购车发票
   C. 身份证、机动车登记证书　　　　D. 身份证、行驶证

6. 汽车出险后的理赔程序是（　　）。
   A. 向交通管理部门、保险公司报案→出示保险单、行驶证、驾驶证、身份证→填写出险报案表和出险经过→理赔员拍照定损→交付维修站修理
   B. 交付维修站修理→向交通管理部门、保险公司报案→填写出险报案表和出险经过
   C. 检查车辆外观，自己拍照留下证据→交付维修站修理→向交通管理部门、保险公司报案→填写出险报案表和出险经过
   D. 没有先后顺序

7. 一般情况下汽车保险合同的保险期限是（　　）。
   A. 半年　　　　　　　　　　　　　B. 一年
   C. 两年　　　　　　　　　　　　　D. 三年

8. 以下险种不属于附加险的是（　　）。
   A. 全车盗抢险　　　　　　　　　　B. 不计免赔特约险
   C. 第三者责任险　　　　　　　　　D. 玻璃单独破碎险

9. 以下险种属于附加险的是（　　）。
   A. 车辆损失险　　　　　　　　　　B. 机动车交通事故责任强制保险
   C. 第三者责任险　　　　　　　　　D. 玻璃单独破碎险

10. 如果某车已投保全车盗抢险，那么车辆丢失后可从保险公司得到车辆实际价值的（　　）的赔偿。
    A. 65%　　　　　　　　　　　　　B. 75%
    C. 80%　　　　　　　　　　　　　D. 100%

11. 下列保险种类中，负责保险车辆发生意外事故造成车上人员人身伤亡和车上所载货物直接损毁的赔偿责任的是（　　）。
    A. 第三者责任商业险　　　　　　　B. 车辆损失险
    C. 车上责任险　　　　　　　　　　D. 全车盗抢险

12. 下列保险种类中，负责赔偿由于自然灾害或意外事故造成车辆自身损失的是（　　）。
    A. 第三者责任商业险　　　　　　　B. 车辆损失险
    C. 车上责任险　　　　　　　　　　D. 全车盗抢险

13. 下列保险种类中,负责保险车辆在使用中发生意外事故造成他人(即第三者)人身伤亡或财产直接损毁的赔偿责任的是(　　)。
    A. 第三者责任商业险　　　　　　　B. 车辆损失险
    C. 车上责任险　　　　　　　　　　D. 全车盗抢险
14. 某日,驾驶员黄某带着他的妻子李某以及黄某的同事白某共同前往某超市购物,途中与某货车发生碰撞事故,并且将路人夏某撞伤。黄某与妻子也受伤,白某受轻伤。请问,负责赔偿白某的险种是(　　)。
    A. 第三者责任商业险　　　　　　　B. 车辆损失险
    C. 车上责任险　　　　　　　　　　D. 全车盗抢险
15. 新车验车上牌前,必须先给机动车注册登记。那么,应该到(　　)进行注册登记。
    A. 公安局　　　　　　　　　　　　B. 检测站
    C. 车辆管理所　　　　　　　　　　D. 有资质的4S店

项目三　汽车运行材料的选用

项目概述

众所周知,汽车行驶必须要消耗燃料,因为汽车就是将燃料的化学能转化为机械能的机器;而为了保证汽车的正常行驶(图3-1),仅仅有燃料还不够,因为汽车在工作中还需要润滑、冷却、制动等。所以一辆能正常工作的汽车在运行中需要除燃料之外的多种运行材料的供应,如冷却液、机油、齿轮油、制冷剂、制动液(俗称"刹车油")、自动变速器油等。

图3-1　汽车正常行驶

任务一　车用燃料的选用

学习目标

(1)掌握车用汽油的选用。
(2)掌握轻柴油的选用。

项目三 汽车运行材料的选用

 任务导入

随着中国经济社会持续快速发展，群众购车刚性需求旺盛，汽车保有量持续呈快速增长趋势，2015年新注册登记的汽车达 2 385 万辆，保有量净增 1 781 万辆，均为历史最高水平。汽车占机动车的比率迅速提高，近 5 年汽车占机动车比率从 47.06% 提高到 61.82%，群众机动化出行方式经历了从摩托车到汽车的转变，交通出行结构发生根本性变化。全国平均每百户家庭拥有 31 辆私家车，北京、上海、深圳等大城市每百户

图3-2 加油站

家庭拥有私家车超过 60 辆。汽车的"粮食"，从目前来看，以汽油和柴油为主（图 3-2）。

知识准备

一、车用汽油的选用

车用汽油从石油中提炼而来，是由碳、氢元素组成的烃类化合物，是汽油发动机的主要燃料。

1. 车用汽油的使用性能

车用汽油应能满足汽油机工作需求并保证汽油机正常发挥其性能的能力，称为车用汽油的使用性能。

车用汽油的具体使用性能是：适宜的蒸发性，良好的抗爆性，良好的氧化安定性，对机件等无腐蚀性，对环境等无害性，油本身的清洁性。

2. 车用汽油标号、规格

（1）车用汽油标号。汽油标号表示的是该汽油的辛烷值，表征汽油的抗爆性能。

（2）车用汽油规格。为适应汽车技术水平的发展和环保标准的要求，根据 GB 17930—2013《车用汽油》，我国车用汽油按研究法辛烷值（RON）分为 90 号、93 号和 97 号三个牌号。而 2012 年 1 月起，汽油牌号 "90 号、93 号、97 号" 修改为 "89 号、92 号、95 号"。

（3）汽油的选用。为了充分发挥车用汽油能量的作用，延长汽油发动机零件的使用寿命，降低生产成本，节约能源，应正确、合理地选择汽油。车用汽油的选择应遵循以下原则：

① 按汽车的使用说明书规定或国家相关权威部门的推荐选用汽油牌号。压缩比越大，使用的汽油牌号也越高。一般压缩比（图3-3）在 8.5～9.5 的中档轿车使用 92 号汽油，压缩比大于 9.5 的轿车应使用 95 号汽油。

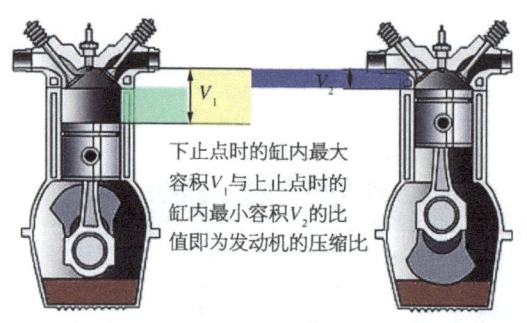

图3-3　发动机压缩比

②可以用牌号相近的汽油暂时代用,但必须对汽油机进行适当的调整。用辛烷值较低的汽油代替辛烷值较高的汽油时,应适当推迟点火提前角;用辛烷值较高的汽油代替辛烷值较低的汽油时,应适当提前点火提前角。

避免"汽油牌号越高,对汽车越有利;汽油牌号越高,汽车排放越能达标"的认识误区。

汽油牌号高低只反映抗爆性的好坏,并不能全面反映油品质量高低。如果低压缩比发动机的汽车加注高标号燃油,因燃烧速度慢,造成燃烧不完全、加速无力、排污增多等现象,使其高抗爆性的优势无法发挥出来,并造成浪费,既不经济也不实用;反之,高压缩比汽车长期燃用低标号汽油则更不可取,发动机的高压缩比设计是从节能角度考虑的,用低标号油不但容易产生爆燃,还容易造成发动机气门及气缸积炭(图3-4)过早、过快地形成,使工况下降,油耗增加,排放逐步恶化(图3-5)。

图3-4　气缸积炭

图3-5　汽车尾气排放

二、轻柴油的选用

和汽油一样,柴油(图3-6)也是从石油中提炼出来的,也是由碳、氢元素组成的烃类化合物。柴油可分为轻柴油、重柴油等品种。轻柴油用于高速柴油机,重柴油用于中、低速柴油机。汽车用柴油机属高速柴油机,所用柴油为轻柴油。

根据国家汽车发展规划,"十二五"期间,柴油汽车占汽车总产量的比重从29.7%提高到35%左右,中型车要全部实现柴油化,柴油轿车、柴油微型车生产开始起步。随着柴油汽车(图3-7)保有量的增加,轻柴油作为汽车燃料的需求量也将越来越大。

1. 车用轻柴油的使用性能

车用轻柴油的具体使用性能是:良好的低温流动性,良好的雾化和蒸发性,良好的燃烧性,良好的安定性,对机件等无腐蚀性,柴油本身的清洁性。

图3-6 柴油

图3-7 柴油汽车

2. 车用柴油牌号、规格

根据GB 252—2015《普通柴油》,将轻柴油按凝点分为10号、5号、0号、-10号、-20号、-35、-50号七个牌号城市车用柴油。

3. 轻柴油的选用

轻柴油牌号的选择一般应使最低使用温度等于或略高于轻柴油的凝点。

10号:适合于有预热设备的柴油机。

5号:适合于风险率为10%的最低气温在8℃以上的地区使用。

0号:适合于风险率为10%的最低气温在4℃以上的地区使用。

-10号:适合于风险率为10%的最低气温在-5℃以上的地区使用。

-20号:适合于风险率为10%的最低气温在-14℃以上的地区使用。

-35号:适合于风险率为10%的最低气温在-29℃以上的地区使用。

-50号:适合于风险率为10%的最低气温在-44℃以上的地区使用。

知识拓展

汽车新能源

新型燃料汽车,即使用传统柴油、汽油以外的燃料,以内燃机为动力的汽车。新型燃料主要包括燃气(天然气、液化石油气)、醇醚类燃料(乙醇、二甲醚等)、合成油、生物柴油、氢能等。

随着我国汽车工业的快速发展,环境污染与能源紧缺问题将愈显严峻。解决这些问题的有效途径是:① 采取政策与技术措施大幅度节约燃料消耗;② 开发应用各种清洁替代燃料。设想到2020年,经过大家努力,全国汽车燃料消耗比预测值节约20%左右,替代燃料(图3-8)(尤其是可再生的替代燃料)比例也达到20%左右,能源紧缺与环境污染问题将会得到有效缓解。

汽车燃料除了大家熟悉的汽油和柴油外,目前还有液化石油气、天然气、乙醇等。

图3-8 汽油之后（AR） 　　图3-9 天然气汽车

1. 液化石油气

液化石油气汽车就是以石油气为主要燃料的汽车。目前，使用较多的是汽油和液化石油气两用燃料汽车，驾驶员可通过转换装置选择液化石油气或汽油进行驱动。为了充分发挥液化石油气的优势，减少汽车使用成本，又出现了液化石油气单燃料汽车。

2. 天然气

天然气汽车（图3-9）就是以天然气作为燃料的汽车。天然气经过净化处理后，有害物质的含量比液态燃料低得多，燃料系统的蒸发排放少。天然气是气态燃料，容易与空气混合，因此燃烧完全，尾气排放污染也较少。目前天然气是世界公认的"清洁燃料"，受到越来越多国家的重视，发展前景十分好。

3. 醇类燃料

醇类燃料汽车是指以甲醇或乙醇为燃料的汽车，与电动车、天然气汽车一样，都是新能源和低公害汽车。醇类燃料汽车发展较早，到目前为止，在技术和成本方面已经达到实用阶段。1995年美国加州已有12 700辆甲醇汽车投入使用，巴西汽车中30%以上是乙醇汽车。

4. 氢气燃料

氢气主要是从水中通过裂解制取，或来源于各种工业副产品。虽然氢气本身的天然储量不大，但作为氢气的来源——水资源非常丰富，而且氢气燃烧后生成还是水，能形成资源的快速循环。从氢气的理化性能看，其作为汽车用燃料的主要优点是热效率高。氢气的物理状态是气态，混合气均匀，各缸混合气的分配性好。加上氢气的火焰传播速度为4.83 m/s，比汽油高，氢气汽车可以采用稀燃技术。另外，氢气的辛烷值高，自燃温度高，允许汽车用高压缩比发动机。因此，氢气燃烧的燃烧热效率高，燃油经济性好。但氢气的密度低，在气缸中占据的体积相对较大，因此，它的标态体积热值低，影响了燃烧氢气时的动力性。氢气可以单独作为汽车燃料，也可以与其他燃料混合燃烧。

5. 电源

电源为电动汽车（图3-10）的驱动电动机提供电能，电动机将电源的电能转化为机械能，通过传动装置或直接驱动车轮和工作装置。目前，电动汽车上应用最广泛的电源是铅酸蓄电池，但随着电动汽车技术的发展，铅酸蓄电池由

图3-10　电动汽车

于比能量较低、充电速度较慢、寿命较短，逐渐被其他蓄电池所取代。正在发展的电源主要有钠硫电池、镍镉电池、锂电池、燃料电池、飞轮电池等，这些新型电源的应用，为电动汽车的发展开辟了广阔的前景。

任务二　车用润滑油的选用

学习目标

（1）了解发动机润滑油的使用性能。
（2）掌握发动机润滑油的规格、牌号和选用。
（3）了解汽车齿轮油的选用。
（4）了解汽车润滑脂的选用。

任务导入

机油即发动机润滑油（图3-11），是流淌在发动机和车体零件间的新鲜血液，起到润滑、清洁、冷却、密封、减磨等作用。发动机是汽车的心脏，发动机内有许多相互摩擦运动的金属表面，这些部件运动速度快、环境差，工作温度可达400～600℃。在这样恶劣的工况下，只有合格的润滑油才可降低发动机零件的磨损，延长使用寿命。合理选择润滑油可有效防止汽车"短命"。

图3-11　发动机润滑油

一、发动机润滑油的使用性能

发动机润滑油的工作条件很恶劣,因此对其使用性能有很高的要求,具体如下:

(1)润滑性。在各种条件下,发动机润滑油均应具有良好的润滑性,即能降低摩擦、减缓磨损和防止金属烧结。

(2)低温操作性。发动机润滑油应具有良好的低温操作性,即能够保证发动机在低温条件下易启动和可靠供油的性能。

(3)黏温性。温度对油品黏度的影响很大,温度升高,黏度降低;温度降低,黏度升高。发动机润滑油的黏度随温度的变化程度要轻,即应具有良好的黏温性。

(4)清净分散性。发动机润滑油应具有良好的清净分散性,即具有良好的抑制积炭、漆膜和油泥生成或将这些沉积物清除的性能。

(5)抗氧性。发动机润滑油应具有良好的抗氧性。

(6)抗腐蚀性。发动机润滑油应具有抵抗腐蚀性物质对金属腐蚀的能力。

(7)抗泡沫性。发动机润滑油应具有消除泡沫的性质。当发动机油受到剧烈搅动,将空气混入油中时,就会产生泡沫,泡沫如果不及时消除,会产生气阻、供油不足等故障。

二、发动机润滑油的规格、牌号和选用

发动机润滑油的分类包括使用性能分类和黏度分类两个方面。

1. API使用性能分类

我国发动机润滑油采用API使用性能分类法,API是英文American Petroleum Institute(美国石油协会)的缩写。

"S"开头系列代表汽油发动机用油,规格有SA、SB、SC、SD、SE、SF、SG、SH、SJ、SL、SM、SN。

"C"开头系列代表柴油发动机用油,规格有CA、CB、CC、CD、CE、CF、CF-2、CF-4、CG-4、CH-4、CI-4。

当"S"和"C"两个字母同时存在,则表示此润滑油为汽/柴通用型。

从"SA"一直到"SN",每递增一个字母,机油的性能都会优于前一种,机油中会有更多用来保护发动机的添加剂。字母越靠后,质量等级越高,国际品牌中机油级别多是SF级别以上的。

2. SAE黏稠度等级

润滑油的黏稠度多使用SAE等级标识,SAE是英文Society of Automotive Engineers(美国汽车工程师协会)的缩写。该分类标准采用含字母W和不含字母W两组黏度系列。黏度等级以6个含W的低温黏度级号(0 W、5 W、10 W、15 W、20 W、25 W)和5个不含W的100℃运动黏度级号(20、30、40、50、60)表示。

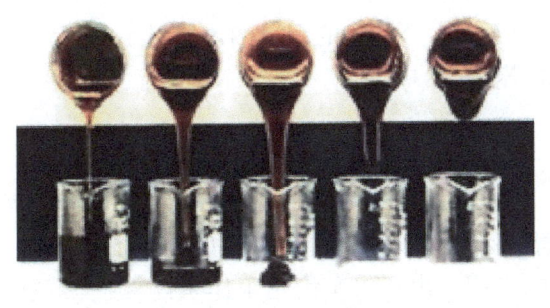
图3-12 润滑油黏度等级

图3-13 低温下使用润滑油

例如：SAE10W-40、SAE15W-40（图3-12）中"W"表示winter（冬季），其前面的数字越小说明机油的低温流动性越好，代表可供使用的环境温度越低（图3-13），在冷启动时对发动机的保护能力越好；"W"后面（一横后面）的数字则是机油耐高温性的指标，数值越大说明机油在高温下的保护性能越好。

3. 发动机润滑油的选择

因为发动机油按发动机的形式分为汽油发动机和柴油发动机，发动机油也相应分为汽油发动机油和柴油发动机油。

（1）发动机油的使用性能选择。采用API S后跟一英文字母和API C后跟一英文字母来分别表示汽油机油和柴油机油，后跟的字母排序越靠后表示级别越高。如API SH级高于API SG级，因此选用发动机油时一定要先确定是选用汽油机油还是柴油机油。如发动机油的包装上标示API SH/CD，则表示该机油用作汽油机油级别达到SH；用作柴油机油，则级别达到CD。

目前，API的级别都是向下兼容，API SL质量级别的机油可以用于要求API SH机油的发动机。如果条件允许，尽量选用更高级别的发动机油，因为它能对发动机提供更好的保护。一般而言，发动机油的质量级别越高，价格越高。选择发动机油要根据车厂的说明书要求来确定使用相应的质量级别或更高的级别。

（2）发动机油的黏度选择。选择发动机油还要考虑季节的变换。因为油品的黏度会随温度变化而变化，冬天黏度变高，夏天黏度变低，因此在非常炎热的地区，尽量选择油品黏度稍高一点的机油。在寒冷的季节，可使用较稀的机油。现在高质量的机油可以同时用于多种气候条件下，如美孚1号0W-40。路况对发动机油的选择影响不大，但路况在很大程度上会影响机油的寿命，路况较差的地区，应缩短机油的换油周期。

4. 发动机润滑机油使用注意事项

（1）同一级别的国内外润滑油使用效果一致。

（2）高级别的发动机油可以替代低级别的，而低级别的发动机油不能用于高级别的发动机。

（3）在确保润滑的条件下，优选黏度低的润滑油，可以减少机件的摩擦损失，提高功率，降低燃料消耗。

（4）不同牌号的润滑油不可混用，同一牌号不同生产厂家的润滑油也尽量不混用。
（5）定期更换润滑油并及时更换润滑油滤芯。

三、汽车齿轮油的选用

汽车齿轮油（图3-14）用于机械式变速器、驱动桥和转向器的齿轮（图3-15）、轴承等零件的润滑，起到润滑、冷却、防锈和缓冲的作用。由于汽车齿轮工作条件复杂、接触压力大、圆周速度快、油温高，故对齿轮油的要求较高。其中双曲线齿轮传动的工作条件更苛刻，对汽车齿轮油使用性能要求更高，使用中如果不能正确选用合适的齿轮油，就不能保证齿轮的正常润滑，容易导致齿轮的早期磨损和擦伤，甚至会造成大的车辆和人身事故。因此，汽车齿轮油的正确选用非常重要。

图3-14　汽车齿轮油

图3-15　汽车齿轮

1. 汽车齿轮油的性能
（1）润滑性和低温操作性。
（2）极压抗磨性。
（3）热氧化安定性。
（4）抗腐性和防锈性。

2. 汽车齿轮油的分类和发展
（1）国外汽车齿轮油的分类与发展。
① 按SAE黏度分类，分为七种牌号：70W、75W、80W、85W、90、140、250。带尾缀W的为冬季用齿轮油，不带尾缀W的为夏季用齿轮油。另外还有多级油，如80W/90、85W/90等。
② 按API使用性能分类，依据工作条件的苛刻程度划分为GL-1～GL-6六级。
（2）国内汽车齿轮油的分类。中国车辆齿轮油，按黏度等级和质量等级分类。参照API的分类标准，根据齿轮的形式和负载情况，中国将车辆用齿轮油划分为普通车辆齿轮

油、中负荷车辆齿轮油、重负荷车辆齿轮油三个等级。其中，普通车辆齿轮油相当于API GL-3，中负荷车辆齿轮油（GL-4）相当于API GL-4，重负荷车辆齿轮油（GL-5）相当于API GL-5。齿轮油的黏度分为70W、75W、80W、85W、90、140、250标号。

普通车辆齿轮油以石油润滑油、合成润滑油及石油润滑油和合成润滑油混合组分为原料，并加入抗氧剂、防锈剂、抗泡剂和少量极压剂等制成，适用于中等速度和负荷比较苛刻的手动变速器和螺旋锥齿轮驱动桥。按黏度分为80W/90、85W/90和90标号。

中负荷车辆齿轮油（GL-4）以精制矿油加抗氧剂、防锈剂、抗泡剂和极压剂等制成，适用于低速。

重负荷车辆齿轮油（GL-5）（图3-16）按黏度分为75W、80W/90、90、85W/140、85W/90等标号。它以精制矿油加抗氧剂、防锈剂、抗泡剂和极压剂等制成，适用于更恶劣的工作环境的各种齿轮，例如高速冲击负荷、高速低扭矩和低速高扭矩下工作的各种齿轮，特别是轿车和其他各种车辆的准双曲面齿轮。

（3）汽车齿轮油的选用。

① 质量等级的选用：中等速度和负荷比较苛刻的齿轮或螺旋齿轮选用普通车辆齿轮油；低速大扭矩或高速低扭矩下工作的齿轮及使用条件不太苛刻的准双曲线齿轮选用GL-4级；高速冲击负荷、高速低扭矩和

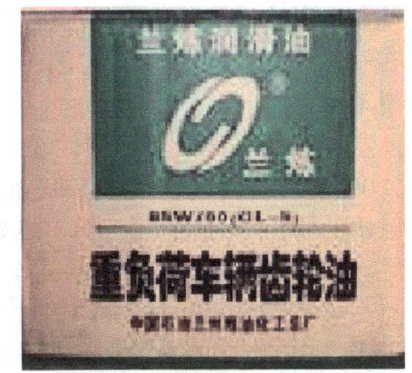

图3-16　重负荷车辆齿轮油

低速高扭矩下工作的齿轮及使用条件缓和或苛刻的准双曲线齿轮选用GL-5级，如捷达、红旗、奥迪、夏利、上海桑塔纳、北京切诺基等车的变速器和主减速器。

② 牌号的选用：齿轮油的黏度应根据外界气温条件进行选择，要求所选齿轮油最高温度不得高于环境温度。

（4）齿轮油更换。车辆齿轮油在使用中性能逐渐劣化，对汽车齿轮油的更换通常采用定期更换。一般国产载货汽车行驶24 000 km、乘用车30 000～40 000 km更换一次齿轮油。

四、汽车润滑脂的选用

1.润滑脂的组成

润滑脂俗称黄油（图3-17），是一种稠化了的润滑油。润滑脂由基础油（润滑液体）、稠化剂和添加物（添加剂和填料）三部分组成。润滑脂广泛用于润滑汽车各部分轴承、衬套和钢板弹簧等。

2.润滑脂的使用特点

（1）有较高的承受负荷能力和较好的阻尼性。

（2）润滑脂的蒸发损失小，高温、高速下的润

图3-17　润滑脂

滑性好。

（3）有良好的附着性能。

（4）可在较宽温度范围和较长时间内起到润滑作用。

（5）轴承润滑中可起到密封作用。

3. 润滑脂的使用

选用润滑脂应考虑工作温度、运动速度和承载的负荷，工作温度高，应选用滴点高的润滑脂；运动速度大，应选用低稠度级别的润滑脂；承载负荷大，应选用锥入度小的润滑脂，特殊环境选用特殊性能的润滑脂。

（1）钙基润滑脂抗水性、剪切安定性很好，具有良好的润滑性能和防护性能。但钙基润滑脂的耐热性较差，滴点在80～95℃，一般工作温度不宜超过65℃，最低工作温度在-10～-5℃。适用于在潮湿环境或接触水的场合，低、中速和轻、中负荷的滚动或滑动机件。

（2）钠基润滑脂耐热性较好，滴点可达160℃，最高工作温度在80～120℃，可在120℃下长时间工作。由于钠皂能溶于水，所以钠基润滑脂抗水性差，不能用于潮湿或接触水的场合。钠基润滑脂具有良好的抗磨性和承受负荷能力。

（3）锂基润滑脂所用的稠化剂为脂肪酸锂皂，是一种高级润滑脂。锂基润滑脂的滴点高于180℃，短时间最高工作温度达150℃，长期工作温度也可达120～130℃。锂基润滑脂具有良好的机械安定性、化学安定性、抗水性和低温性能。锂皂的稠化能力很强，润滑脂中加入抗氧剂、防锈剂、极压添加剂后可以制成长寿命润滑脂。可以说锂基润滑脂是一种适合于各种工作条件的通用润滑脂。我国已经制定了汽车通用锂基润滑脂的国家标准，一般情况下应当优先选用锂基润滑脂。

（4）石墨钙基润滑脂（图3-18）抗碾压能力很强，适用于重负荷场合。钢板弹簧润滑一定用石墨润滑脂，如果用钙基润滑脂，会造成钢板弹簧容易损坏。特别是在工地、山地及道路差的路况下行驶时，车辆颠簸大，钢板弹簧所承受的冲击负荷大，更易损坏。由于在石墨润滑脂中加有石墨，因此填充了钢板间的粗糙面，提高了钢板弹簧耐压、耐冲击负荷的能力。

图3-18　石墨润滑脂

知识拓展

机油的识别与添加

一、怎样识别机油含水

按规定,机油中允许的含水量应在0.03%以下。当含水量超过0.1%时,机油的添加剂、抗氧剂、清净分散剂等就会失散,因而加速机油的氧化过程。而机油氧化生成的有机酸和发动机排出废气中的酸性氧化物与水发生反应,又生成无机酸,这些酸性物质又增加了对发动机的腐蚀。机油中含有较多的水时,机油润滑性变差,黏度下降,轻则导致机油过早变质和机件生锈;重则引起发动机抱轴、烧瓦等严重机械事故。

那么机油中含水又如何能鉴别呢?

(1)观色法。清洁达标的机油呈黄色半透明状,机油中有了水则呈褐色。当发动机运转一段时间后,机油呈乳白色,并伴有泡沫。

(2)燃烧法。把铜棒烧热后放入被检查的机油中,若有"噼啦"响声,说明机油中含有较多的水。也可将检查的机油注入试管中加热,当温度接近80～100℃时,试管中产生"噼啦"声,则证明机油中含有较多的水。

(3)放水法。发动机停机后,让发动机静止30 min左右,松开放油螺塞,如有水放出来,则说明机油中含有较多的水。

二、机油添加错误方法

误解一:什么时候润滑油变黑了就该换油了

这种理解并不全面。对于没有加清净分散剂的润滑油,颜色变黑的确是油品已严重变质的表现,但现代汽车使用的润滑油一般都加有清净分散剂。清净分散剂将黏附在活塞上的胶膜和黑色积炭洗涤下来,并分散在油中,减少发动机高温沉淀物的生成,故润滑油使用一段时间后颜色容易变黑,但这时的油品并未完全变质。

误解二:润滑油能多加就多加

润滑油量应该控制在机油尺的上、下刻度线之间为好。因为润滑油过多就会从气缸与活塞的间隙中窜入燃烧室燃烧形成积炭。这些积炭会提高发动机压缩比,增加产生爆燃的倾向;积炭在气缸内呈红热状态还容易引起早燃,如落入气缸会加剧气缸和活塞的磨损,还会加速污染润滑油。润滑油过多还增加了曲轴连杆的搅拌阻力,使燃油消耗增大。

误解三:添加剂用处大

真正优质的润滑油是具备多种发动机保护功能的成品,配方中已含有多种添加剂,其中包括抗磨剂,而且润滑油最讲究配方的均衡以保障各种性能的充分发挥。自行添加其他添加剂不仅不能给车辆带来额外保护,反而易与机油中的化学物质发生反应,造成机油综合性能的下降。

误区四：润滑油经常添不用换

经常检查润滑油是正确的，但只补充不更换只能弥补机油数量上的不足，却无法完全补偿润滑油性能的损失。润滑油在使用过程中，由于污染、氧化等原因质量会逐渐下降，同时还会有一些消耗，使数量减少。

任务实施

螺栓的拆卸

《汽车维修工》（五级）

试题单

试题代码：1.1.3

试题名称：螺栓的拆卸

考生姓名： 准考证号：

考核时间：15 min

1. 操作条件

（1）螺栓拆装支架（定制）（2个）。

（2）长/短接杆、棘轮、梅花扳手、錾子、榔头。

（3）套筒（8 mm、10 mm、12 mm、14 mm、17 mm）（各规格1个）。

（4）螺钉（6 mm、5 mm）（各规格各2个）。

（5）满足本考位考核要求的其他必要配置。

2. 操作内容

（1）拆卸支架上的螺栓1个。

（2）拆卸支架上的无角螺钉1个。

（3）用梅花扳手将2个螺钉以15 N·m的扭矩安装到支架指定位置。

3. 操作要求

（1）所有操作要求符合规范，操作应采取正确的步骤、方法。

（2）拆卸以及安装要求工具选用正确，适用得当，不破坏螺旋/螺钉及支架原有状况（包括支架本身、螺纹孔等）。

（3）拆卸螺栓、无角螺钉均要求在2 min内完成。

（4）安装螺钉时应按标准力矩15 N·m拧紧，力矩与要求值相差2 N·m。

（5）操作完毕后设备工具复位。

 任务评价

《汽车维修工》(五级)

试题代码：1.1.3　　　　试题名称：螺栓的拆卸
考生姓名：　　　　　　　准考证号：　　　　　　　考核时间：15 min

评价要素	配分	等级	评分细则	评定等级					得分
拆卸螺栓	10	A	操作步骤、方法正确，在2 min内完成						
		B	操作步骤、方法正确，在3 min内完成						
		C	完成拆卸						
		D	不能完成拆卸						
		E	未答题						
拆卸无角螺钉	10	A	操作步骤、方法正确、工具使用得当，在2 min内拆卸，并未破坏螺孔						
		B	操作步骤、方法正确，在3 min内拆卸，并未破坏螺孔						
		C	完成拆卸						
		D	不能完成拆卸						
		E	未答题						
以15 N·m安装2个6 mm螺钉	5	A	力矩与要求值相差2 N·m						
		B	力矩与要求值相差4 N·m						
		C	力矩与要求值相差6 N·m						
		D	力矩与要求值相差10 N·m以上						
		E	未答题						
合计配分	25		合计得分						

考评员(签名)：

等级	A(优)	B(良)	C(及格)	D(较差)	E(未答题)
比值	1.0	0.8	0.6	0.2	0

任务三 车用工作液的选用

学习目标

（1）知道汽车制动液。
（2）知道发动机冷却液。
（3）了解自动变速器油。

任务导入

车用工作液的消耗费用和其他运行材料相比，虽然不是太大，但其对汽车性能（如行驶安全性、行驶舒适性等）有显著影响，其选用的合理与否（图3-19），对节约车用燃料和车用润滑油料、发挥车辆动力性、延长汽车使用寿命有直接关系。

汽车制动液是汽车液压制动系所采用的非矿油型传递压力的工作介质。

在可燃混合气的燃烧过程中，气缸内的气体温度可达1 700～2 500℃。为保证汽车发动机正常工作，必须对在高温条件下工作的零件进行冷却。目前，汽车发动机广泛采用强制循环液冷却系，冷却液即为发动机冷却系中带走高温零件热量的一种工作介质。

液力传动油是一种多功能液体，应具备传能、控制、润滑和冷却等多种功能。

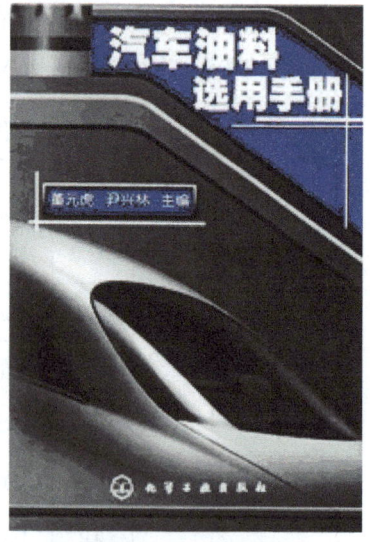

图3-19 油料选用

知识准备

一、汽车制动液

制动液（图3-20）是汽车液压制动系（图3-21）中传递压力的工作介质，其性能对汽车的行驶安全性有很大的影响。

1. 汽车制动液的使用性能

（1）高温抗气阻性。现在汽车的车速越来越高，在平坦道路上行驶时，制动液的温度一般为100～130℃，

图3-20 制动液

最高可达150℃。行驶于多坡道山间公路的汽车，由于制动频繁，制动液温度更高。因此，防止因高温气阻造成制动失灵是对制动液使用性能的主要要求之一。

（2）与橡胶的配伍性。汽车液压制动系有皮碗、软管等橡胶件，要求制动液对橡胶零件不会造成显著的溶胀、软化或硬化等不良影响。

（3）抗腐蚀性和防锈性。汽车液压制动系的缸体、活塞、弹簧、导管和阀等主要采用铸铁、铝、铜和钢等材料制成，要求制动液不引起金属腐蚀。另外，当制动液渗入橡胶分子的间隙中时，会从橡胶中抽出一部分组分，抽出物对金属的腐蚀作用也应限制。

图3-21　制动盘

（4）低温流动性。当气温低时，汽车液压制动液黏度会增大，使其流动性变差，影响准确地传递压力。因此为保证制动可靠，要求汽车制动液在低温时黏度增加较小，具有较好的低温流动性。

此外，汽车制动液还应有溶水性、稳定性、抗氧化性等。

2. 国产制动液的品种、牌号和规格

制动液按原料的不同可分为醇型、合成型和矿油型三种。

（1）醇型制动液。用精制的蓖麻油与醇类按一定的比例调和，经沉淀和过滤而制得的制动液，外观为浅绿或浅黄色透明体。该类制动液适用的温度条件较低、易分层，性能不稳定，故将逐步被合成型制动液所取代。

（2）合成型制动液。以合成油为基础油，加入润滑剂和抗氧、防腐、防锈等添加剂制成的制动液。该类制动液具有性能稳定的特点，适合高速、重负荷的汽车使用。

（3）矿油型制动液。以精制的轻柴油馏分为原料，经深度精制后加入黏度指数改进剂、抗氧剂、防锈剂等调和制成，具有良好的润滑性，对金属无腐蚀作用，但对天然橡胶有较强的溶胀作用，使用时必须换用耐矿物油的丁腈橡胶。

国产制动液依据其平衡回流沸点，可分为JG0、JG1、JG2、JG3、JG4、JG5六个质量等级，序号越大平衡回流沸点越高，高温抗气阻性越好，行车制动安全性越高。

目前国内按原石油部标准生产的合成型制动液有4603、4603-1和4604等牌号。4603和4603-1合成制动液适用于各类载货汽车的制动系，4604合成制动液则适合于高级轿车和各种汽车的制动系。

3. 国外制动液的规格、牌号及选用

常用的进口制动液有DOT3和DOT4两种。DOT是美国汽车安全标准规定标称，其数字越大，级别越高。DOT3与DOT4的不同之处主要在于沸点不同，DOT4比DOT3更耐高温。

DOT3和DOT4级制动液是非矿物油系，是以聚二醇为基础和乙二醇及乙二醇衍生物为主的醇醚型合成制动液，再加润滑剂、稀释剂、防锈剂、橡胶抑制剂等调和而成，也是各国汽车所用最普遍的一种制动液。

4. 制动液使用注意事项

制动液吸湿性较强,制动系统虽然进不了水分,但制动液使用一段时间以后会吸收相当的水分。制动液中水分越多,沸点越低。为了保证行车安全,制动液应定期更换(一般2年需更换一次)。制动液不能混用,要保持清洁。注意防潮,注意制动液的温度,注意对制动系统的保护。

二、发动机冷却液

1. 汽车发动机冷却液的使用性能

(1)黏度小,流动性好。汽车发动机冷却液的黏度越小越好,这样有利于流动,散热效果好。

(2)冰点低,沸点高。要求发动机冷却液冬天防冻、夏天防沸。

(3)防腐蚀性好,不损坏汽车有机涂料。

(4)不易产生水垢,抗泡性好。

2. 冷却液的类型

图3-22 冷却液

冷却液(图3-22)的种类主要有酒精-水型、甘油-水型及乙二醇-水型等。冷却液的冷却效果主要与酒精、甘油及乙二醇的性质和配制比例有关。

3. 冷却液的选用

选用原则:选用冷却液的凝点要比车辆运行地区的最低气温低10℃左右。

4. 使用注意事项

(1)乙二醇-水型冷却液在使用中蒸发的一般是水,应及时添加适量的蒸馏水或去离子水。每年入冬前应检查冷却液的密度,如密度变小,则说明乙二醇含量不足,冰点高,应及时加充冷却液(或浓缩型冷却液)。

(2)注意乙二醇有毒,切勿用口吸。

(3)由于使用过程中要消耗冷却液中的添加剂,冷却液一般规定使用1~2年应更换,或按照冷却液使用说明执行。

(4)不同牌号冷却液不可混用。

(5)加强发动机冷却系密封性检查(图3-23),避免冷却液漏失。

图3-23 冷却系密封性

三、自动变速器油

自动变速器油简称ATF(automatic transmission

fluid），是专门用于自动变速器的油液（图3-24）。

1. 自动变速器油的使用性能

（1）适当的黏度。

（2）良好的热氧化安定性。

（3）良好的抗泡沫性。

（4）良好的抗磨性能。

（5）与系统中橡胶密封材料的匹配性好。

（6）良好的摩擦特性（换挡性能）。

（7）防腐（防锈）性能优良。

（8）储存安定性优良。

2. 液力传动油的规格

（1）国外液力传动油的规格。国外液力传动油的规格多采用美国ASTM和API共同提出的PTF（power transmission fluid）使用分类，将PTF分为PTF-1、PTF-2和PTF-3三类。

① PTF-1类油主要用于轿车（图3-25）、轻型货车作液力传动油。此类油对低温黏度要求较高，即要有好的低温启动性。

② PTF-2类油主要用于重型货车和越野汽车液力传动油，此类油负荷高，因此对极压、抗磨要求较高，而对低温黏度要求放宽了。

③ PTF-3类油主要用在农业和建筑业机械的低速运转的变速器中，对耐负荷性和抗磨性的要求比PTF-2类油更严格。

（2）国内液力传动油的规格。目前，我国仅有液力传动油两种企业规格，按100℃运动黏度分为8号和6号两种。它们都是采用精制的基础油加入油性剂、抗磨剂、抗氧剂、黏度指数改进剂和抗泡剂等。8号液力传动油相当于国外PTF-1类油，主要用作轿车的液力传动油。6号液力传动油相当于国外PTF-2类油，主要用于内燃机车、载货汽车以及工程机械的自动变速器系统。

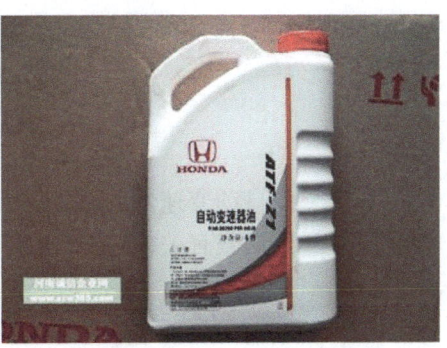

图3-24　自动变速器油

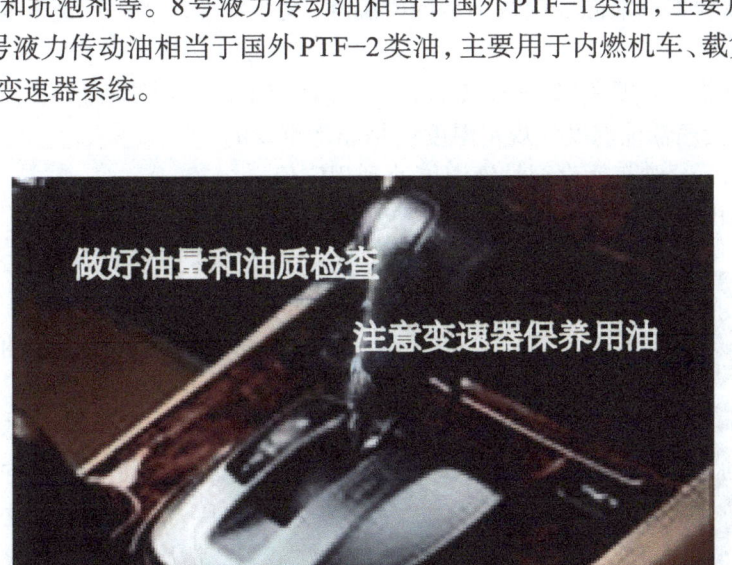

图3-25　变速器保养

ATF液位检查与添加

对于装备自动变速器的汽车,液面高度和油质对于变速器的正常运行至关重要,许多故障往往都与油液有关,故在日常使用中应注意检查。

一、SMG的2009年款君威检查

(1)将车辆停在水平面上,踩下驻车制动器并将换挡杆挂驻车挡(P),启动发动机。

(2)踩下制动踏板,将变速杆换遍所有挡位,并在每个挡位停留约3 s。将变速杆挂回驻车挡(P)。

(3)使发动机以500~800 r/min的速度怠速运行至少3 min,从而使油液泡沫消散和油位稳定,松开制动踏板。

(4)使发动机保持运转,用驾驶员信息中心或故障诊断仪观察变速器油温度(TFT)。当变速器油温度为85~95℃(185~203℉)时,必须检查变速器油位。如果变速器油温度不是此温度值,操作车辆或使油液按要求冷却。如果在变速器油温度超过此温度时设置油位,将导致变速器加注不足或加注过量的状况。变速器温度95℃加注不足,变速器油温度85℃加注过量。加注不足的变速器将导致部件过早磨损或损坏,加注过量的变速器将导致油液溢出通风管、油液起泡或泵的气穴现象。

注意事项:

① 如果变速器油液温度读数不是期望温度,使车辆冷却或运行直至变速器油温度达到合适值。

② 当变速器油温度在85~95℃时,检查变速器油位。当油液温度升高时,油位将升高,因此,确保变速器油温度为规定温度值是非常重要的。

③ 在二挡下行驶车辆直至油液温度达到规定值。

(5)发动机运转且变速杆挂驻车挡(P)时,车辆必须置于水平位置。

(6)拆下油尺(图3-26),并用干净的抹布或纸巾将其擦干净。

(7)检查油液颜色,油液应为红色或深棕色。

① 如果油液颜色很深或发黑还有燃烧的气味,检查油液是否有多余的金属微粒或其他碎片。少量"摩擦"生成的物质属"正常"情况。如果在油液中发现大片和(或)金属碎片,冲洗油冷却器和冷却器管路,然后大修变速器。如果没有发现变

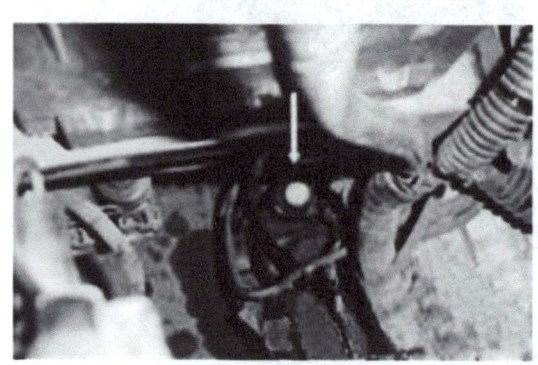

图3-26 油尺位置

速器内部损坏的迹象,更换油液、修理油冷却器并冲洗冷却器管路。

② 如果油液呈现出絮状或乳液状或看起来像是被水污染,则表示发动机冷却液或水污染。

(8) 安装油尺。等待3 s然后将其拆下。

注意事项:

① 至少检查油位两次。稳定的读数对于保持正确的油位是非常重要的。如果读数不稳定,检查变速器通风口盖以确保其干净和通畅。

② 不需要使油位一直处于至"max(最满)"标记处。在交叉带的任何区域内都是可接受的。

(9) 检查油尺两侧,并记录最低油位(图3-27)。

(10) 再次安装和拆下油尺以确认读数。

注意:如果没有再次检查油位,切勿一次添加0.25 L的油液。一旦油液处于油尺的锥形端,不需要多少油液便可将油位提升到交叉带区域,切勿加注过量。此外,如果油位过低,检查变速器是否泄漏。

(11) 如果油位不在交叉带内,且变速器温度为90℃时,必要时可以添加或者排出油液以使油位处于交叉带区域。如果油位过低,仅添加足够的油液以使油位处于交叉带区域(图3-28)。

(12) 如果油位在可接受的范围内,安装油尺。

(13) 如果油液已更换,复位变速器油寿命监视器(若可行)。

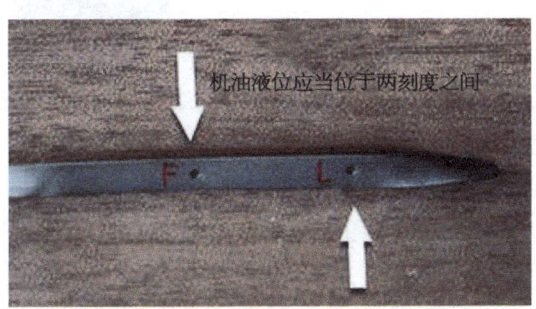

图3-27 油尺刻度

图3-28 添加机油

二、油液状况检查

(1) 检查油液的颜色,油液应为红色。正常使用时变速器油颜色也许会变深,但这并不一定表示受到污染。

(2) 如果油液颜色很深或发黑(图3-29)还有燃烧的气味,检查油液是否有多余的金属微粒或其他碎片,这可能表示变速器损坏。如果没有发现其他状况,更换变速器油。

(3) 如果油液呈现出絮状或乳液状或看起来像是被水污染,则表示发动机冷却液或水污染。

图3-29 油品质量

《汽车维修工》(五级)

试题单

试题代码：1.2.2

试题名称：ATF液位检查与添加

考生姓名：　　　　准考证号：

考核时间：15 min

1. 操作条件

（1）整车（配自动变速器的乘用车）。

（2）ATF液（乘用车常用规格）（4桶常用规格，其中1桶适用考试用车）。

（3）防护三件套、叶子板布和前格栅布（常用规格）。

（4）排放收集装置（常用规格）。

（5）清洁用具（常用规格）。

（6）满足本考位考核要求的其他必要配置。

2. 操作内容

（1）举升车辆。

（2）启动发动机运行至正常工作温度。

（3）使自动变速器在不同挡位运行。

（4）检查ATF液位并按需添加ATF液。

（5）排放规定量的ATF油液。

3. 操作要求

（1）所有操作要求符合规范、操作应采取正确的步骤、方法。

（2）举升步骤规范，操作安全，支撑点选择合理。

（3）检查液位须规范运行发动机和自动变速器各挡，口述ATF液状况。

（4）ATF液添加量恰当，符合本车标准要求。

（5）ATF液添加完毕经确认后，排出部分ATF液至指定排放收集装置内，并妥善安置整车正常状态。

（6）操作完毕后设备工具复位。

 任务评价

《汽车维修工》（五级）

试题代码：1.2.2　　　　试题名称：ATF液位检查与添加
考生姓名：　　　　　　准考证号：　　　　　　考核时间：15 min

评价要素	配分	等级	评分细则	评定等级					得分
ATF液位检查（要求运行发动机、油温达标准值、调变速器各挡运行）	10	A	检查结果、步骤方法正确，油温达到标准值						
		B	检查结果、步骤方法正确，油温未达到标准值						
		C	会检查液位，有热机的排挡操作						
		D	未有效完成检查						
		E	未答题						
ATF液位添加	10	A	ATF液加注量符合标准，操作步骤方法正确						
		B	ATF液加注量符合标准，操作过程有误						
		C	完成但ATF液加注量不符合标准						
		D	未完成添加						
		E	未答题						
举升车辆、排放油液及妥善后处理	5	A	举升规范、支撑点选择合理、排放油液正确、整车还原规范						
		B	全部完成，操作过程正确，举升汽车有轻微偏斜						
		C	完成所有作业，但操作过程有误						
		D	未完成所有作业						
		E	未答题						
合计配分	25		合计得分						

考评员（签名）：

等级	A（优）	B（良）	C（及格）	D（较差）	E（未答题）
比值	1.0	0.8	0.6	0.2	0

任务四　汽车轮胎的选用

（1）了解轮胎的分类和结构。
（2）掌握轮胎规格的表示方法。
（3）掌握车轮的拆装与维护。

任务导入

轮胎（图3-30）是汽车重要的运行材料之一，它是汽车行驶系的主要组成部分。轮胎的合理使用，直接影响汽车行驶的安全性和使用的经济性。在汽车高速行驶过程中，轮胎故障是所有驾驶者最为担心和最难预防的，也是突发性交通事故发生的重要原因。轮胎的技术状况可使汽车油耗在10%～15%范围内变化，轮胎费用占汽车运输成本的10%左右。

图3-30　轮胎

一、轮胎的分类和结构

1. 分类

（1）按轮胎内空气压力的大小，可分为高压胎（0.5～0.7 MPa）、低压胎（0.2～0.5 MPa）、超低压胎（0.2 MPa以下）。

（2）按轮胎有无内胎，可分为有内胎轮胎和无内胎轮胎（俗称真空胎）。

（3）按胎体帘布层结构的不同，可分为斜交轮胎和子午线轮胎。

目前，轿车、货车几乎全都采用低压、无内胎的子午线轮胎。因为低压胎弹性好、断面宽，与道路接触面大，壁薄而散热性良好。这些特点提高了汽车行驶平顺性、转向操纵的稳定性。此外，道路和轮胎本身的寿命也得以延长。

2. 结构

（1）有内胎轮胎（图3-31）。
（2）无内胎轮胎（图3-32）。
外胎的结构如图3-33所示。
（3）子午线轮胎和斜交轮胎（图3-34）。

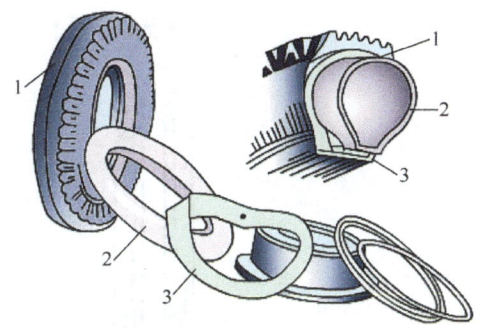

图3-31 有内胎轮胎

1—外胎；2—内胎；3—垫带

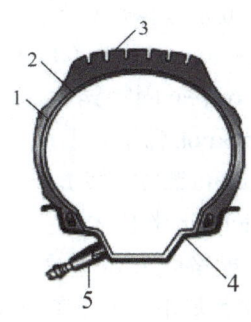

图3-32 无内胎轮胎

1—橡胶密封层；2—自粘层；3—槽纹；4—轮辋；5—气门嘴

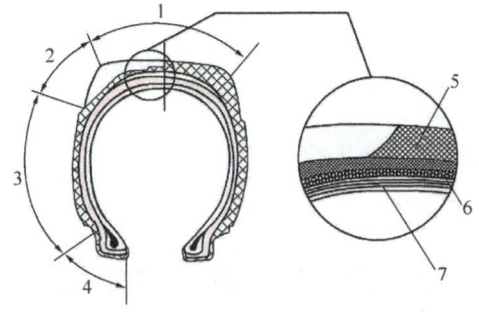

图3-33 外胎结构

1—胎冠；2—胎肩；3—胎侧；4—胎圈；5—胎面；6—缓冲层（连接胎面和帘布层）；7—帘布层（外胎的骨架）

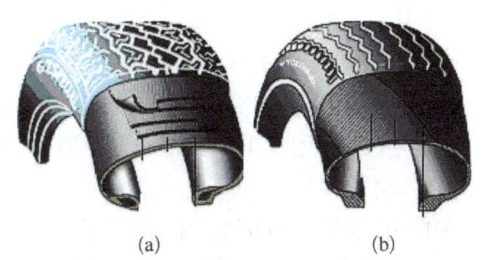

图3-34 子午线轮胎和斜交轮胎

（a）子午线轮胎；（b）斜交轮胎

子午线轮胎的帘布层帘线排列方向与轮胎横断面一致。子午线轮胎的优点是：

① 接地面积大，附着性能好，胎面滑移小，对地面单位压力也小，因而滚动阻力小，使用寿命长。

② 胎冠较厚且有坚硬的带束层，不易刺穿；行驶时变形小，可降低油耗3%～8%。

③ 因为帘布层数少，胎侧薄，所以径向弹性大，缓冲性能好，负荷能力较大。

子午线轮胎的缺点是：因胎侧较薄，胎冠较厚，在其与胎侧的过渡区易产生裂口。侧面变形大，导致汽车的侧向稳定性差，制造技术要求高，成本也高。

斜交轮胎的帘布层帘线按一定角度交叉排列，帘线与轮胎横断面的交角通常为50°。

由于子午线轮胎明显优越于普通斜交轮胎，因此在轿车上已普遍采用，在货车上也越来越多地采用子午线轮胎。

二、常见轮胎品牌和轮胎规格的表示方法

1. 轮胎品牌

（1）Bridgestone石桥（普利司通）（日）。

（2）Dunlop邓禄普（英）。

（3）Firestone凡世通（日）。

（4）Goodyear固特异（美）。

（5）Hankook韩泰（韩）。

（6）Kumho锦湖（韩）。

（7）Michelin米其林（法）。

2. 轮胎规格的表示方法

1）斜交轮胎的规格（图3-35）

表示方法：B-d

9.00-20表示：轮胎宽度为9.00 in、轮胎内径为20 in的斜交轮胎。

2）子午线轮胎的规格（图3-36）

如：195/65 R 15 91V

其中：

195：轮胎宽度195 mm。

65：扁平比为65%（扁平比为轮胎高度H与宽度B之比）。

R：子午线轮胎，即"Radial"的第一个字母。

15：轮胎内径15 in。

91：荷重等级，即最大载荷质量。荷重等级为91的轮胎的最大载荷质量为615 kg。

V：速度等级，表明轮胎能行驶的最高车速。V的最高车速为240 km/h。

3）轮胎规格示例（图3-37）

4）轮胎的花纹

（1）普通花纹：普通花纹适合于在硬路面上使用。它分为纵向花纹、横向花纹和纵横混合花纹。

① 纵向花纹（图3-38）横向断开，这种花纹轮胎的滚动阻力较小，散热性能好。

② 横向花纹（图3-39）纵向断开，故轮胎抗滑能力呈现出纵强而横弱，汽车以较高速度转向时，容易侧滑；轮胎滚动阻力也比较大，胎面磨损较严重。这种形式花纹适合于在一般硬路面上、牵引力比较大的中型或重型货车使用。

图3-35 斜交轮胎规格

图3-36 子午线轮胎规格

195/60R14 82	上海通用别克赛欧，雪铁龙爱丽舍，捷达王，波罗1.4MT等
195/60R14 86	桑塔纳Gli，桑塔纳2000等
195/65R15 91	广本2.3Vti，广本2.0Exi，帕萨特1.8Gsi，宝来1.8等
205/60R15 91	奥迪A6 1.8/1.8T/2.4，红旗CA7202，风神蓝鸟2.0i，现代索纳塔2.0GLS
205/65R15 94	广本雅阁3.0V6、尼桑风度3.0GV、2.0G，丰田佳美3.0V6XLE等
215/70R15 98	通用别克新世纪，通用别克GL8商务车，林肯城市等
225/60R16 98	奔驰S280（1999款），奔驰S320（1999款），奔驰S500（1999款）等

图3-37 轮胎规格示例

图3-38　纵向花纹　　　　图3-39　横向花纹　　　　图3-40　纵横混合花纹

③ 纵横混合花纹（图3-40）介于纵向花纹和横向花纹之间。胎面中部一般具有曲折形的纵向花纹，而在接近胎肩的两边则制有横向花纹。这样，胎面的纵横抗滑能力比较好。因此这类花纹的轮胎适应能力强，应用范围广。它既适用于不同的硬路面，也适宜于轿车和货车。

（2）混合型花纹（图3-41）：混合型花纹是普通花纹和越野花纹之间的一种过渡性花纹。它既适应于良好的硬路面，也适应于碎石路面、雪泥路面和松软路面，附着性能优于普通花纹，但耐磨性能稍逊。目前，一些货车和四轮驱动的乘用车多使用这种形式的花纹轮胎。

（3）越野花纹（图3-42）：越野花纹的共同特点是花纹沟槽宽而深，花纹块接地面积比较小。在松软路面上行驶时，一部分土壤将嵌入花纹沟槽之中，因此产生比较好的抓地性。据测，在泥泞路上，同一车辆使用越野花纹轮胎的牵引力可达普通花纹轮胎的1.5倍。越野花纹轮胎适合于在崎岖不平的道路、松软土路和无路地区使用。但是由于花纹的接触压力大，滚动阻力大，所以不适合在良好硬路面上长时间行驶。否则，将加重轮胎磨损，增加燃油消耗，汽车行驶振动也比较厉害。

图3-41　混合型花纹　　　　　　　图3-42　越野花纹

三、车轮的维护与拆装

1. 及时更换新轮胎（图3-43）

轮胎有一个使用年限的问题，单从花纹来看，国际上规定轮胎磨损低于1.6 mm时，就要更换新轮胎。

图3-43 轮胎更换（AR）

2. 轮胎的使用和维护

正确、合理地使用轮胎，同时注意轮胎的保养，可以降低轮胎的磨损速度，这对延长轮胎的使用寿命、保证行驶安全、降低运行成本、提高经济效益具有重要意义。

3. 轮胎的使用基本要求

（1）保持轮胎气压正常（图3-44）。

（2）防止轮胎超载。

（3）合理搭配轮胎。

（4）精心驾驶车辆。

（5）保持良好的底盘技术状况。

（6）做好日常维护。

图3-44 测胎压

4. 轮胎的维护

（1）一级维护。一级维护的内容：检查轮胎螺母、气门嘴、气门帽；去除轮胎表面杂物，检查轮胎气压，检查轮胎有无与其他机件刮碰现象；检查备胎架是否完好、紧固。

（2）二级维护。二级维护是在一级维护的基础上，按轮胎标准测量胎面相关数据作为换位和拆卸的依据；解体检查即检查胎冠、胎肩、胎侧及轮胎内有无内伤、脱层、起鼓和变形等现象，检查内胎、垫带有无咬伤、折皱现象，气门嘴、气门芯是否完好，检查轮辋、挡圈和锁圈有无变形、锈蚀，根据情况进行涂漆处理；检查轮辋螺栓孔有无过度磨损或损裂现象；排除解体检查所发现的故障后，进行装合和充气；高速车应进行轮胎的动平衡试验，并按规定进行轮胎换位。若发现轮胎有不正常的磨损或损坏，应查明原因并予以排除。

任务实施

轮 胎 换 位

《汽车维修工》（五级）
试题单
试题代码：2.2.1
试题名称：轮胎换位
考生姓名：　　　　　　　　　准考证号：
考核时间：15 min

1. 操作条件

（1）整车（乘用车）。

（2）举升设备（乘用车用规格）。

（3）轮胎扳手、轮胎气门芯扳手及气动工具等（常用规格）。

（4）轮胎气压表（常用规格）。

（5）备用轮胎（常用规格）。

（6）满足本考位考核要求的其他必要配置。

2. 操作内容

考生根据抽取的一组对角轮胎进行操作：

（1）拧松轮胎螺栓，举升车辆。

（2）对轮胎进行检查，按需调整胎压并换位安装（要求操作一组对角轮胎）。

（3）放下举升车辆，紧固轮胎螺栓并检查安装情况。

3. 操作要求

（1）所有操作要求符合规范，操作应采取正确的步骤、方法。

（2）拧松轮胎螺栓操作步骤、方法正确，举升车辆支撑点合理、可靠、安全。

（3）对轮胎进行检查，要求测量胎压并调整胎压至标准值。

（4）按规定的力矩和方法紧固轮胎螺栓，按程序检查轮胎安装情况。

（5）操作完毕后设备工具复位。

任务评价

《汽车维修工》（五级）

试题代码：2.2.1　　　　　试题名称：轮胎换位
考生姓名：　　　　　　　准考证号：　　　　　　考核时间：15 min

评价要素	配分	等级	评分细则	评定等级					得分
拧松轮胎螺栓，举升车辆	5	A	操作过程正确，支撑点选择合理						
		B	操作过程正确，汽车有轻微偏斜						
		C	完成作业，但操作过程或结果有误						
		D	未完成作业						
		E	未答题						
按要求对轮胎进行检查调整并换位安装	15	A	操作过程正确，安装结果良好、胎压正确						
		B	操作过程正确，安装结果较好、胎压有偏差						
		C	完成作业，操作过程或结果有误						
		D	未完成作业						
		E	未答题						
放下举升车辆，按要求紧固轮胎螺栓并检查安装可靠	5	A	操作步骤方法正确，规范						
		B	操作步骤正确，操作有不规范						
		C	完成作业，但操作过程有误						
		D	未完成作业						
		E	未答题						
合计配分	25		合计得分						

考评员（签名）：

等级	A（优）	B（良）	C（及格）	D（较差）	E（未答题）
比值	1.0	0.8	0.6	0.2	0

练一练

一、判断题（对的打√,错的打×）

1. 轮胎磨损极限标记一旦磨出,应及时更换轮胎。（   ）
2. 车辆超载容易导致爆胎,引发交通事故。（   ）
3. 汽油发动机用汽油、柴油发动机用柴油。（   ）
4. 为了降低汽车的废气污染,应使用高清洁燃油。（   ）
5. 我国制动液标准有四个等级。（   ）
6. 防冻冷却液无毒。（   ）
7. 制动液吸收湿气能力强,所以每年都要更换一次。（   ）
8. 环保型汽车的燃料主要有压缩天然气和氢气燃料。（   ）
9. 轮胎气压低,胎面两肩花纹磨损较慢。（   ）
10. 现在轿车都普遍采用无内胎的子午线轮胎。（   ）
11. 轮胎气压高,胎面内侧花纹磨损较快。（   ）
12. 汽车行驶中各个轮胎的工作条件、承载受力、磨损程度都有差异,为了使全车轮胎磨损均匀,应视情况对车轮进行换位。（   ）
13. 在没有达到正常水温时,各挡位发动机转速不要超过2 000 r/min,直到水温正常。（   ）
14. 合理使用和养护能够降低轮胎的磨损速度,防止不正常的磨损和损坏,从而延长轮胎的使用寿命,降低燃油消耗。（   ）
15. 保持轮胎在正常气压下工作,可以减小汽车行驶阻力,降低油耗。（   ）
16. 我国现在用研究法辛烷值来划分汽油牌号。（   ）
17. 柴油的十六烷值越高越好。（   ）
18. 国产汽油牌号有90号、93号、95号、97号四个牌号。（   ）
19. 汽油牌号越高,对汽车越有利。（   ）
20. 轻柴油按凝点分为10号、5号、0号、-10号、-20号、-35号、-50号七个牌号。（   ）
21. 经常在灰尘较多的环境下运行的车辆,所选用的机油质量应提高一级。（   ）
22. 不同牌号、种类的机油可混用。（   ）
23. 齿轮油工作时,产生的小气泡有利于齿轮油的润滑。（   ）
24. 润滑油能多加就多加。（   ）
25. 石墨钙基润滑脂抗碾压能力很强,适用于重负荷场合。（   ）

二、单项选择题

1. 根据当地环境气温确定的柴油标号,一般柴油要低于当地气温(   )℃。
    A. 5～8　　　　B. 8～10　　　　C. 2～5　　　　D. 10～15

2. 选用防冻冷却液时,防冻冷却液的冰点应比当地的最低气温(　　)。
   A. 低5℃　　　　　　　　　　　　B. 高5℃
   C. 一样高　　　　　　　　　　　　D. 可高可低
3. 在夏季行车时,外界气温高,轮胎散热较慢,温度较高,易发生爆胎现象,因此,轮胎气压应(　　)。
   A. 低一点　　　　　　　　　　　　B. 高一点
   C. 保持规定的气压标准　　　　　　D. 途中气压过高可以放掉一点
4. 节能环保型汽车的燃料是(　　)。
   A. 汽油　　　　　　　　　　　　　B. 柴油
   C. 液化石油气　　　　　　　　　　D. 都不是
5. 汽油发动机压缩比大于10以上的汽车应使用(　　)。
   A. 97号以上汽油　　　　　　　　　B. 93号汽油
   C. 90号汽油　　　　　　　　　　　D. 都可以
6. 当天气气温是-5℃,应选用(　　)。
   A. 0号柴油　　　　　　　　　　　 B. 10号柴油
   C. -25号柴油　　　　　　　　　　 D. -10号柴油
7. 使用子午线轮胎的轿车,在进行轮胎换位时一般采用(　　)。
   A. 循环换位　　　　　　　　　　　B. 单边换位
   C. 交叉换位　　　　　　　　　　　D. 都不对
8. 轮胎规格225/60R16 98H中的H表示(　　)。
   A. 负荷能力　　　　　　　　　　　B. 子午线轮胎
   C. 无内胎轮胎　　　　　　　　　　D. 速度等级
9. 柴油按(　　)划分标号。
   A. 冰点　　　　　　　　　　　　　B. 熔点
   C. 凝点　　　　　　　　　　　　　D. 当地环境温度
10. 应根据(　　)选用机油。
    A. 车辆状况　　　　　　　　　　　B. 自己意愿
    C. 当地环境温度　　　　　　　　　D. 汽车使用说明书
11. 润滑脂是一种(　　)状的润滑材料。
    A. 固体　　　　B. 液体　　　　C. 半固体　　　　D. 半液体
12. 评定汽油抗爆性能的指标是(　　)。
    A. 十六烷值　　B. 辛烷值　　　C. 压缩比　　　　D. 凝点
13. 选用汽油是根据(　　)。
    A. 发动机压缩比的大小　　　　　　B. 辛烷值
    C. 蒸气压　　　　　　　　　　　　D. 汽油价格

14. 柴油的低温流动性用（　　）来评定。
    A. 黏度　　　　　　　　　　　　B. 凝点
    C. 闪点　　　　　　　　　　　　D. 水分
15. 选用轻柴油是依据（　　）确定的。
    A. 地区和季节的气温高低　　　　B. 十六烷值
    C. 凝点　　　　　　　　　　　　D. 柴油价格
16. 提高汽油辛烷值的方法是（　　）。
    A. 加降凝剂　　　　　　　　　　B. 脱蜡
    C. 加乙基液　　　　　　　　　　D. 改善炼制工艺

三、多项选择题

1. 防冻冷却液在使用中应注意（　　）。
    A. 防冻冷却液有毒，使用中应注意
    B. 经常用密度计检查防冻冷却液的冰点
    C. 添加防冻冷却液时，应让发动机熄火冷却后再添加
    D. 防冻冷却液不易泄漏
    E. 防冻冷却液用水就可以了
2. 目前我国汽油标号有（　　），应根据汽车使用说明书选用合适标号的汽油。
    A. 93号　　　　B. 92号　　　　C. 97号　　　　D. 98号
    E. 85号
3. 目前上海市场的柴油主要有（　　）。
    A. -15号　　　B. 0号　　　　C. -30号　　　D. -10号
    E. -20号
4. 汽车润滑油材料主要包括（　　）。
    A. 机油　　　　B. 黄油　　　　C. 汽油　　　　D. 液化石油
    E. 柴油
5. 汽车齿轮油的作用是（　　）。
    A. 减少摩擦　　　　　　　　　　B. 防锈和清洗
    C. 缓和振动与冲击　　　　　　　D. 冷却零部件
    E. 传递动力
6. 防冻冷却液有（　　）等特点。
    A. 散热效率高　　　　　　　　　B. 冰点高
    C. 防腐蚀性好　　　　　　　　　D. 不易产生水垢
    E. 沸点低

79

7. 汽车轮胎由（　　）组成。
   A. 橡胶添加剂　　　　　　　　B. 钢丝
   C. 聚酯纤维　　　　　　　　　D. 尼龙丝
   E. 塑料
8. 汽车制动液主要有（　　）等特性。
   A. 高温抗气阻性　　　　　　　B. 与橡胶的配伍性
   C. 抗腐蚀性　　　　　　　　　D. 防锈性
   E. 低温流动性
9. 选用润滑脂应考虑（　　）。
   A. 工作温度　　　　　　　　　B. 运动速度
   C. 承载负荷　　　　　　　　　D. 特殊环境
   E. 品牌
10. 轮胎的使用基本要求是（　　）。
    A. 保持轮胎气压正常　　　　　B. 防止轮胎超载
    C. 合理搭配轮胎　　　　　　　D. 精心驾驶车辆
    E. 做好日常维护

项目四　汽车的合理使用

 项目概述

汽车在注册、上牌与保险之后就可以上路行驶了,但汽车应该如何使用呢？特别是当我们刚驾驶一辆新车时,我们既要了解其使用性能,又要掌握车辆上配套的各类装置的使用方法,还要清楚汽车需要使用什么样的燃料、润滑油料等。只有当我们掌握了汽车的使用性能之后,我们才能够将汽车合理使用好。本项目将从汽车正常情况下的使用、汽车走合期的驾驶、如何选择汽车的运行材料等方面阐述汽车的合理使用知识（图4-1）。

图4-1　汽车合理使用

 汽车走合期的使用

学习目标

（1）掌握走合期的定义。
（2）了解汽车磨合的重要性。
（3）掌握走合期内的驾驶要求。
（4）掌握车辆在走合期内的使用规定。

81

任务导入

很多购买了新车的车主都会面临这样的问题：自动挡的车有无磨合期？磨合期的油耗是不是大一些？李先生最近买了一辆1.6 L自动挡的新车，平时都是上下班开，路途较短，每次在半小时之内，到现在开了1 000 km左右。但他发现爱车的油耗好像特别高，百公里要耗油14～15 L，比资料显示的8～9 L高了不少。他想咨询一下专家，自动挡车磨合期内是不是油耗会比平时大呢？

知识准备

一、汽车的走合期

新车（包括大修竣工汽车）在开始投入使用阶段，汽车各机构中的零件正处于磨合状态，还不能全负荷运行，我们把这个使用阶段称为汽车走合期。走合期是汽车改善零件摩擦表面几何形状和表面层物理、机械性能的过程，也是为了使汽车向正常使用阶段过渡，而在使用中将相互配合的零件摩擦表面进行磨合的过程。汽车的使用寿命及其工作可靠性和经济性，在很大程度上取决于使用初期的走合是否符合规定。

二、汽车走合期的特点

1. 零件磨损速度快

由于新配合件摩擦表面凹凸不平，必然产生相互嵌入的现象，因此在相对运动中，就会产生很大的摩擦力，使配合件的两个摩擦表面磨损量比较大。磨损下来的金属屑，又会进入相配合的零件之间构成磨料磨损，使磨损加剧。另外，由于间隙小，磨损过程中表面热量增大，进而使润滑油黏度降低、润滑条件变差。鉴于上述原因，使零件磨损量增长较快。

2. 行驶故障较多

由于配合件的工作表面存在着微观和宏观的几何形状偏差、装配质量不佳、紧固件松动、使用不当及未能正确执行走合规范，所以汽车走合期的故障较多。如果装配质量不好，各部间隙过小，走合时润滑条件又差，那么发动机很容易过热，常出现拉缸、烧瓦等故障（图4-2）。

图4-2 烧瓦

3. 润滑油易变质

由于走合期的零件表面还比较粗糙，加工后的形状和装配位置都存在一定的偏差，配合间隙也较小，因此走合时零件表面和润滑油的温度都很高；同时有较多的金属屑磨损下来进入零件配合间隙中,再被润滑油带进曲轴箱中起着催化作用,很容易使润滑油变质发黑(图4-3)。

三、汽车走合期里程的规定

根据总成或部件在走合期的工作特点,必须对汽车走合期的使用做出专门规定。汽车走合期行驶里程,称为走合期里程。汽车走合期里程取决于零件表面加工精度、装配质量、润滑油品

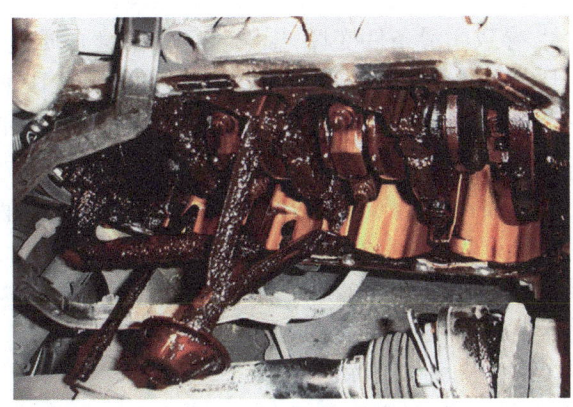

图4-3　润滑油变质发黑

质、运行条件和驾驶技术等。一般而言,汽车制造商均有走合期里程的规定,走合期里程通常为1 500～2 500 km,也有些进口汽车规定走合期为3 000 km。

走合期可以分3个阶段:

第一阶段为走合50～500 km。因为零件加工表面粗糙,几何形状和装配位置都存在一定偏差,配合间隙也较小,因此零件磨损和机械损失很大,零件表面和润滑油的温度也很高。

第二阶段为走合500～2 000 km。在这个阶段零件摩擦表面比较光滑了,摩擦的机械损失和产生的热量减少了。

第三阶段,零件工作表面磨合过程逐渐结束,并形成了一层防止配合表面金属直接接触的氧化膜,进入了氧化磨耗过程。发动机的动力性、经济性和传动系统的机械效率逐渐达到正常。

四、汽车走合期的正确使用

汽车走合的好坏直接影响汽车的使用寿命、可靠性及经济性。根据零件的磨损规律和走合期的特点,汽车在走合期内必须严格遵守走合规定,以保证走合质量,延长零件和汽车的使用寿命。汽车走合期必须遵守的主要规定是:限速,减载,选择优质燃、润料和正确驾驶。

1. 限速(图4-4)

在走合期内,切记不要让发动机高速运转!对于现代轿车,在各个挡位内发动机最高转速都不要超过3 000 r/min,在低速挡内不允许发动机长时间高速运转。对于货车,最高车速不允许超过60 km/h。

2. 减载

汽车承载重量的大小直接影响汽车零部件的寿命。载重量越大,发动机和底盘各零部件受力则越

图4-4　限速60 km/h

大,导致润滑条件变坏,影响零部件的磨合质量,从而影响汽车的走合质量。所以,汽车在走合期内必须减载,一般要求走合期第一阶段最好空载,整个走合期内载重量不应超过额定载重量的75%,不允许拖挂或牵引其他机械和车辆。

3. 选择优质燃、润料

为了防止汽油机产生爆燃,加速发动机曲柄连杆机构零件的磨损,必须严格遵照汽车使用说明书规定的标号加注汽油。在走合期内,零部件配合间隙较小,为使摩擦表面得到良好的润滑,必须严格遵照汽车使用说明书的规定使用汽车制造厂指定品牌和标号的润滑油(图4-5),不要随意使用添加剂。

4. 正确驾驶车辆

在走合期驾驶车辆应注意,发动机启动后应低速运转,待冷却液温度升到50～60℃再起步。行驶中应经常关注水温表(图4-6),冷却液温度应在90℃左右。起步要平稳,加速不要快,减少传动部件的冲击。控制加速踏板,以免发动机转速过高。

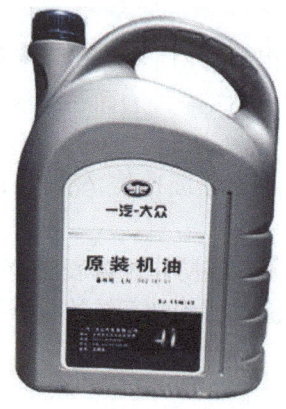

图4-5　原装机油

图4-6　水温表

行驶中要适时换挡,并注意选择路面,尽量避免在恶劣道路上行驶,以减少振动和冲击。尽量减少汽车因突然加速引起的超负荷现象,避免紧急制动、长时间制动或使用发动机制动。在走合期内,对汽车各部分技术状况要及时检查、排除故障,以减少故障磨损。

洗　　车

洗车工作看似很简单,但如何洗得又快又好,又能让顾客满意?作为对新车的保护,洗好车也是必学的项目。

1. 目的与要求

(1) 所有操作要求符合规范,操作应采取正确的步骤、方法。

（2）正确按要求把车清洗完毕。

（3）操作完毕后，设备工具复位。

2．器材与设备

（1）轿车一辆。

（2）高压清洗机。

（3）抹布、毛巾若干。

（4）刮水板。

（5）海绵及水桶。

（6）洗车专用泡沫机。

3．注意事项

（1）洗车过程中注意地面的湿滑，严禁嬉笑打闹，以防跌倒。

（2）高压水枪严禁对人。

（3）洗车过程中，动作注意轻柔小心。

（4）洗车过程中，时刻注意抹布中夹带的杂质致漆面损伤。

4．操作流程

1）准备

对高压清洗机进行调试，准备好常用的洗车工具和洗车用品，人员按洗车要求着装。

2）用清水冲洗车身

汽车进入洗车场地后，用高压清洗机水枪冲洗车身污物。

（1）调试水枪压力：打开水枪对准地面或者轮胎进行调试，压力适中即可（图4-7）。

（2）全身冲车：身体距离车身1 m左右，左手握水管，右手握高压水枪，对着车身由上到下，由前到后再到前，绕车身一周完成冲水，底盘、轮毂都要冲洗干净（图4-8）。

注意：水管不能碰到漆面，以免刮伤车漆。

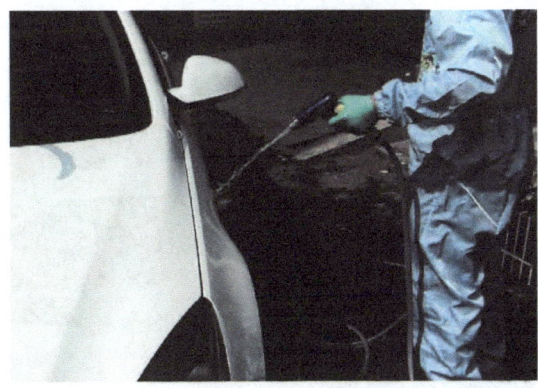
图4-7　调试压力

图4-8　清洁车身及底盘

3）喷洒泡沫及清洗

用泡沫清洗机对车身均匀喷洒清洁剂,然后用大海绵或者毛巾擦拭车身,对污垢较重部位用毛刷刷洗。

（1）喷洒泡沫：身体距离车身0.5～1 m,左手握喷管,右手握喷枪,对着车身由上到下,由前到后,再由后到前,绕车一周完成。泡沫要均匀,无浪费（图4-9）。

注意：喷嘴不要打到车身,不要喷得满地都是。

（2）擦洗车身：把洗车手套戴上,分上部、下部擦拭。左手左后靠背,右手擦拭,顺序是由上到下、由前到后操作,然后擦拭下裙边部位。擦拭力量适中,不要漏擦。最后用海绵清洁轮胎（图4-10）。

注意：禁止身上有硬物,以防刮伤车漆；禁止上、下部手套混用。

4）车身清洗及自检

从车辆顶部开始,逐一从上往下冲洗,一直冲洗到底部。

（1）车身清洗：身体距离车身1 m左右,左手握水管,右手握高压水枪,对着车身由上到下,由前到后再到前,绕车身一周完成冲洗（图4-11）。

（2）洗车自检：环车身一周,仔细检查,特别注意边角部位是否冲洗干净（图4-12）。

图4-9　喷洒泡沫

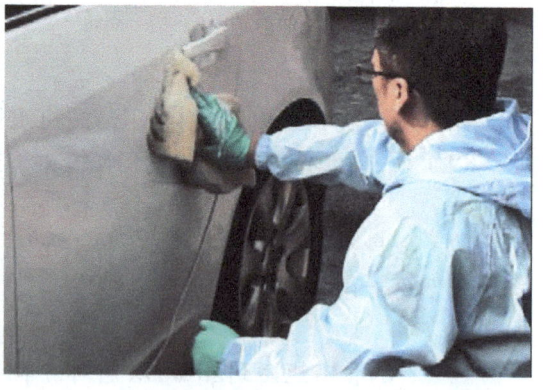

图4-10　擦洗车身

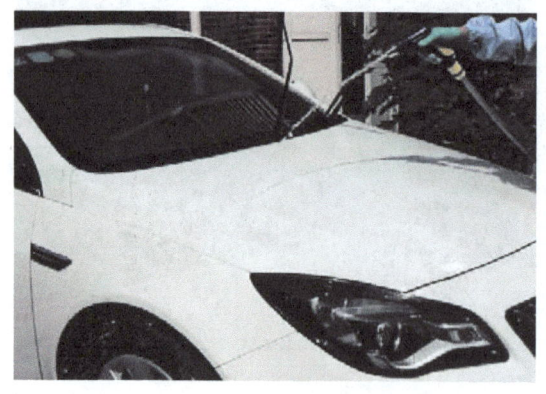

图4-11　车身清洗

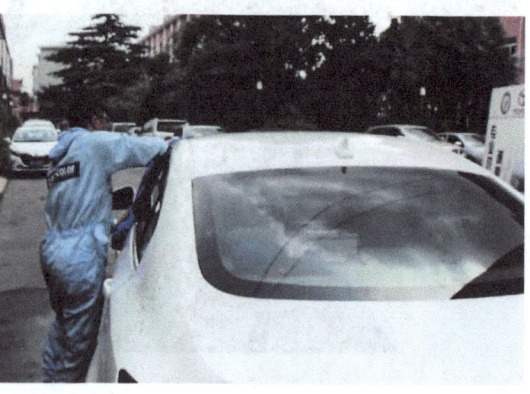

图4-12　汽车自检

5)擦车

先用半湿大毛巾擦拭一遍,再用麂皮擦拭两遍,直到车身毫无水印。最后用压缩空气将车身进一步吹干。

(1)擦拭车身水渍:两人一组,各持毛巾一端拉紧,将毛巾从前至后进行脱水,脱水完毕后再按反方向重复操作一次。然后两人各自双手持毛巾两端,从前至后擦拭车身两侧的水(图4-13)。

注意:用毛巾擦前风窗玻璃时,刮雨器上的水要在毛巾上抖干净。注意天线及车标等。

(2)风干:按车身由上到下,绕车身一周完成吹水。一边吹水,一边用毛巾将从车缝中吹出来的水擦干(图4-14)。

注意:气嘴头必须套上软质保护胶,避免划伤漆面。

(3)擦拭门边:从上到下把门边框的水渍与污渍擦干净(图4-15)。

6)车内清洁

(1)清洁脚垫:使用刷子把地毯的灰尘刷干净,只能往一个方向刷(图4-16)。塑料垫直接用高压水枪冲洗干净后晾干。

(2)吸尘:将吸管在地毯上来回移动,要把灰尘和沙粒吸干净。吸座椅时要用手拍

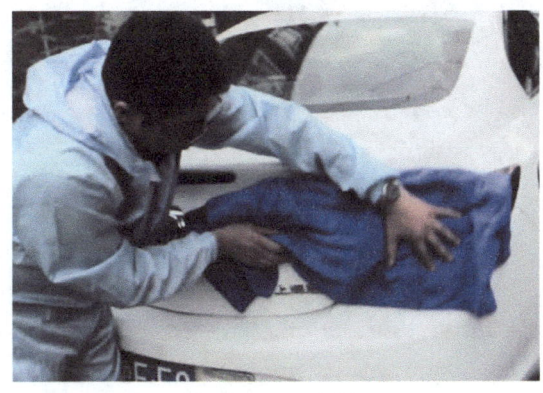

图4-13 擦车

图4-14 擦洗车缝

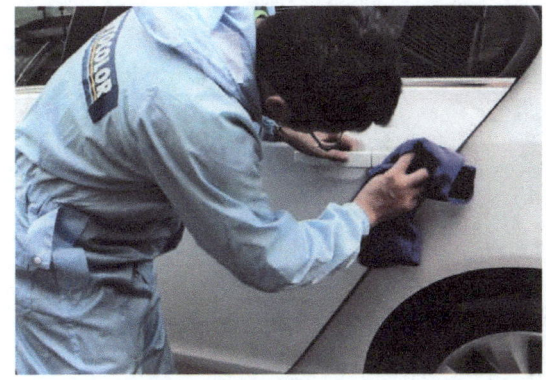

图4-15 擦拭门边

图4-16 清洁脚垫

图4-17 吸尘

打(图4-17)。

注意： 吸嘴禁止刮伤座椅桃木，不要忘记清洁烟灰缸，禁止吸尘器刮伤车漆。

（3）擦拭仪表盘和转向盘：使用专用毛巾把仪表盘和转向盘擦拭干净（图4-18）。

（4）擦拭车内座椅：使用专用毛巾把车内座椅由上往下擦拭干净（图4-19）。

（5）擦拭玻璃：使用专用毛巾把玻璃内外侧的水渍、污渍擦拭干净（图4-20）。

（6）脚垫归位：平整地将脚垫放入指定位置（图4-21）。对于塑料脚垫，要用毛巾将其水分擦干。

7）质检

交付车辆，车主验收。

图4-18 清洁仪表盘及转向盘

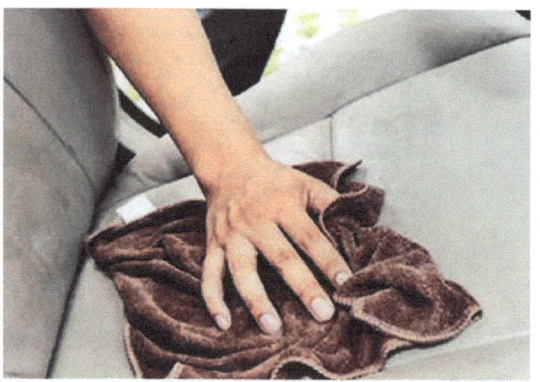

图4-19 擦拭车内座椅

图4-20 擦拭玻璃

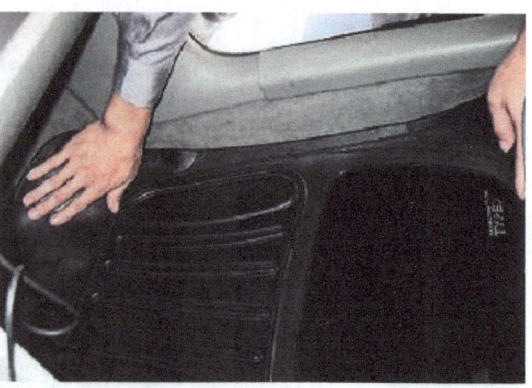

图4-21 脚垫归位（AR）

项目四　汽车的合理使用

任务评价

序号	考核内容	配分	评分标准	评分记录	扣分	得分
1	能正确完成接车流程,语言、动作规范	25	每少做一项扣5分 表述不准确扣3分			
2	能按要求对汽车进行冲洗及完成打泡沫流程	25	每少做一项扣5分 动作不规范扣3分			
3	能按要求完成擦车流程	25	每少做一项扣5分 动作不规范扣3分			
4	能按要求对车内部进行清洁,以及安全检查	25	每少做一项扣5分 动作不规范扣3分			
	分数合计	100	最终得分			

想一想

1. 为什么汽车在走合期油耗总是那么高呢?
2. 为什么走合期中汽车必须限速?

 汽车正常情况下的使用

（1）熟悉汽车正常情况下的使用常识。
（2）了解汽车在低温环境下的合理使用。
（3）了解汽车在高温环境下的合理使用。
（4）了解汽车在高原和山区环境下的合理使用。

任务导入

先来看一则新闻（图4-22）。

那么是什么引发了爆胎呢？准确地讲有4个原因：

（1）轮胎漏气。轮胎因被铁钉或尖锐物刺扎，导致漏气进而引起爆胎。

（2）气压过高。因汽车高速行驶，轮胎温度升高，气压随之升高，进而轮胎变形，胎体弹性降低，汽车所受到的动负荷也增大，如遇到冲击会产生内裂或爆胎。

（3）轮胎气压不足。当汽车高速行驶时（速度超过120 km/h），轮胎气压不足容易造成胎体"谐振动"，从而引发巨大的谐振作用力，如果轮胎不够结实或者已经有"伤"，就易爆胎。

（4）气温过高。高温条件下行驶的汽车，引发爆胎是经常发生的事。在炎热的夏季，由于气温高、雨量多和辐射热强，汽车的动力性、经济性及行驶可

图4-22 如何正确使用轮胎

靠性会变坏，严重时会影响汽车正常行驶。汽车在高温环境里，发动机冷却系统的散热温差小、散热能力差，发动机容易过热，从而会出现一系列的问题。

如果出现这些问题，我们该如何解决呢？我们怎么判断爱车是否处于正常状态呢？

知识准备

一、汽车在正常条件下的使用

汽车走合期结束后便进入了正常使用期。按照零件的磨损特性，在零件的正常工作时期，其磨损量随汽车行驶里程的增加而缓慢地增长。这段时期是汽车技术、经济状态处于最佳的时期，正常、合理地使用汽车可以充分发挥汽车的技术效益和经济效益，提高汽车的动力性、经济性、排放性、可靠性和安全性，降低使用成本，还可以显著延长汽车的使用寿命。

1. 每天首次启动前的检查

（1）检查机油、燃油、冷却液液面是否符合标准，不足时应及时补。

（2）检查车门、发动机舱盖、行李箱盖漆面及玻璃的状况，并检查轮胎磨损情况及轮胎气压是否符合要求。

（3）检查发动机在不同转速下各仪表的工作情况。

（4）检查车辆有无三漏（漏油、漏水、漏气）。

（5）检查灯光、喇叭及刮雨器、开关是否齐全有效。

（6）对于手动挡汽车，检查离合器分离是否彻底、结合是否可靠，并检查制动是否有效。

2. 冷车起步

发动机冷车启动后有一个自动的暖机过程，这时发动机处于快怠速工况，转速在1 100 r/min左右。当发动机温度达到50℃左右时，暖机过程结束，发动机回到怠速工况，转速在850 r/min。这个过程大约为3分钟。暖机过程的目的在于使冷态下的发动机能很快达到正常工作温度。发动机的正常工作温度在90℃左右，在这样的状态下，发动机的磨损速率最小，燃料的消耗量最少，尾气排放的有害成分含量最低。

对于现代轿车，为了节约燃油、减轻对环境的污染，我们不必等待这个过程。冷启动后直接1挡起步，缓慢加速，正常换挡行驶，在各挡位上发动机的转速不要超过2 000 r/min。当水温表指示达到90℃时便进入了正常驾驶状态，我们在行驶中完成了这一暖机过程。

3. 正常行驶

汽车在正常行驶过程中，驾驶员应集中注意力，眼睛轮流观察前方180°范围，以及左、右车外后视镜和中央车内后视镜，时刻掌握前后左右其他车辆的动态，特别要注意前方两侧非机动车和行人的动态，控制好自己的车速。根据路况及时变换挡位，可以减少发动机的磨损和节约燃油。

在城市道路行驶时，由于路况复杂，行人、车辆较多，路口红绿灯较多，对于1 min以上较长时间的停车等待，应把变速杆放在空挡"N"的位置（图4-23）；发动机熄火停车，应把变速杆放在停车挡"P"的位置并拉紧驻车制动。这样可以减轻自动变速器频繁换挡的负担，延长自动变速器的使用寿命，还可达到节油的效果。

在路况良好的高速公路或高等级公路上行驶时，应采用匀速行驶的方式，有巡航功能的汽车可设置为巡航状态。千万不要采用"加速—空挡滑行—加速"这样的驾驶方式（图4-24）。对现代汽车而言，这样的方式不仅不能节油，反而有可能导致车辆失控并带来交通事故。

图4-23 自动变速器挡位"N"挡

图4-24 空挡滑行

遇到情况应及时判断并采取措施,尽量避免采取紧急制动,制动时要充分利用发动机的制动功能。丢油门,带挡减速滑行,视情况带制动,发动机转速降到1 100 r/min左右时,踩下离合器。这样可以减轻制动器的负荷,减少制动片、制动盘的磨损,延长使用寿命,更可以节约燃油。

二、汽车在特殊条件下的使用

随着我国经济的不断发展,老百姓拥有汽车已不再是梦想,汽车也不再仅仅是代步工具。汽车文化、汽车体育、汽车旅游、汽车探险日益兴起,极大地丰富了人们的精神生活。然而,我国地域面积广阔、地形条件复杂、气候环境多样:南方潮湿多雨、气温较高,北方干燥多雪、气温极低,西部干旱少雨多风沙、昼夜温差很大。汽车在这些特殊条件下使用,各部件、总成的工作状况有很大变化,使汽车的使用性能变坏。因此对于使用上的特殊情况,必须掌握其特点和采取相应的措施,保证汽车的合理使用,保持汽车性能的正常发挥,延长汽车的使用寿命。

(一)汽车在低温环境下的使用(图4-25)

1. 低温对汽车使用的影响

汽车在低温环境下使用的主要问题:发动机启动困难、总成磨损严重、燃料消耗增加、零件材料的性能变差及汽车零件易损坏等。

图4-25 低温环境

1）发动机低温启动困难

通常用发动机在某稳定状态下启动的最低启动转速表示该温度下的启动性能,并用能启动发动机的最低温度表示其低温启动性能。

一般来说,当气温在-15 ~ -10℃时,发动机冷车启动就会有一定的困难;当外界气温在-40℃以下时,没有冷启动装置的汽车不经过预热则无法启动。发动机低温启动困难的原因主要有:曲轴旋转阻力大、燃料蒸发性差、蓄电池工作能力低。

2）低温时汽车总成磨损严重

汽车在低温环境下使用时,各主要总成磨损都比较大,尤其是发动机的磨损更为明显。

在发动机的使用周期中,50%的气缸磨损发生在启动过程中,而冬季启动磨损占总启动磨损的60% ~ 70%。此外,低温启动后在未达到正常温度之前,磨损强度一直是很大的。发动机低温环境下磨损严重的主要原因:润滑不良、燃料气化不好、低温引起腐蚀磨损、配合间隙不佳。

3）燃料消耗增加

汽车在低温环境下使用时,由于温度低、发动机升温时间长、工作温度低、燃料气化不良、燃烧不良,再加上润滑油黏度大、摩擦损失大,使发动机输出功率下降,导致燃料消耗异常。

4）汽车零件易损坏

低温环境下,材料的物理机械性能变差。在-30℃以下时,碳钢的冲击韧性急剧下降,硅、锰钢制造的零件(钢板弹簧)、铸件(气缸盖、飞轮壳、变速器壳)变脆;锡铝合金焊缝在-45℃或温度更低时容易产生裂纹或成粉末状,从接头的地方脱落;塑料、橡胶变硬、变脆,从而使由这些材料制成的零件在载荷作用下易发生损坏。在低温环境中,蓄电池电解液易结冰而不能正常工作;冷却水易结冰,导致散热器和气缸冻裂。

5）行车条件变坏

低温除造成汽车使用性能方面的变化外,还会使行车条件变坏。在同等条件下,冰雪道路上的制动距离比干燥沥青路面制动距离长2 ~ 3倍。

6）发动机冷启动排气污染严重(图4-26)

发动机在冷启动阶段由于空气温度低、燃油雾化不好,因此HC和CO污染严重,特别是在低温条件下这个问题更加突出。

2. 汽车在低温环境下的使用技能

根据汽车在低温条件下的使用特点,采取的技术措施主要有:预热,保温,合理选用燃、润料,改善混合气形成,防冻等。

1）预热

在严寒条件下对发动机进行预热(图4-27),是改善混合气形成条件、提高燃料的蒸发性和雾化性、提高发动机在低温条件下启动性能的一项重要措施。

现代汽车普遍使用防冻冷却液,不需

图4-26　汽车尾气排放超标

要放水防冻,所以不能采用往冷却系统内灌注热水的方法进行预热。我们可以用沸水或蒸汽浇淋或喷射进气歧管和油底壳,提高进气温度,促进汽油蒸发;提高润滑油温度,降低其黏度;柴油机应同时使用电热塞预热和向进气管喷注启动液。这样可以提高发动机的启动性能。

2)保温

对汽车发动机保温的目的,是使发动机在一定的热状况下工作及随时可以出车。目前,在严寒地区对发动机保温,主要是对汽车发动机和水箱罩采用保温套,如在-30℃的气温下行驶,发动机罩内温度可以保持在20～30℃。停车后,发动机各主要部位的冷却速度大约比无保温套的发动机降低6倍。发动机油底壳可采用双油底壳或在外表面封上一层玻璃纤维来进行保温。

图4-27 合理暖车

蓄电池的保温,一般采用木质的保温箱。保温箱有的做成夹层,在夹层中装有保温材料。

3)合理使用燃料及润滑油(图4-28)

在低温下使用的燃料,应具有良好的挥发性、流动性及低含硫量,以便启动和减少磨损。有的国家有专门牌号的冬季汽油和柴油,供汽车在严寒地区使用。冬季使用汽车时,发动机、变速器、主减速器等应使用黏度较低的冬季润滑油,可使零件的润滑条件得到改善,并降低启动阻力。

4)正确使用防冻冷却液(图4-29)

在低温条件下使用防冻冷却液,是改善发动机低温启动性能和防止冷却系统易冻的一项重要措施。使用防冻冷却液,能大大减少启动前的准备时间,减轻驾驶员的劳动强度。

图4-28 冬季润滑油

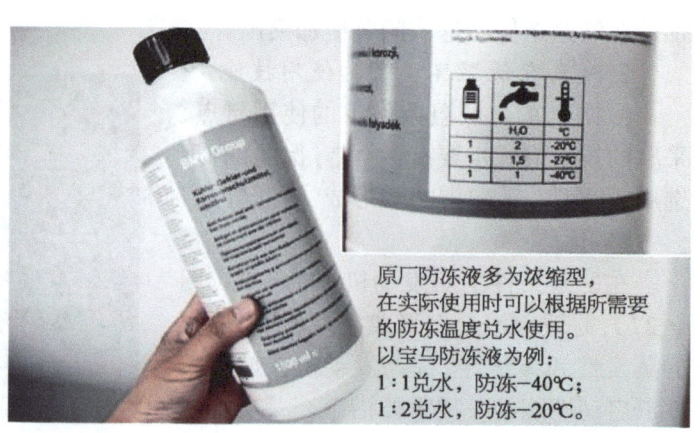

图4-29 正确使用防冻冷却液

（二）汽车在高温条件下的使用（图4-30）

1. 高温环境对汽车使用的影响分析

1）发动机系统的影响

（1）发动机充气效率下降。气温越高，空气密度越小，发动机的实际进气量就减少；发动机过热，发动机罩内温度便更高，发动机充气能力降低。充气系数下降，造成发动机功率下降，使汽车行驶无力。另外，由于充气系数下降，混合气相对变浓，汽车废气中的有害物质（CO、HC、NO_x）浓度便增大，增加了环境污染。

图4-30　高温正确使用汽车

（2）发动机燃烧不正常。大气温度高，进入气缸的混合气温度也高，发动机整个工作循环的温度就高了，而散热器的散热效率又低，使发动机处于过热状态，燃烧室内末端混合气接受热量多，加剧焰前反应，容易产生爆燃。另外，过热的发动机使积存于活塞顶部、燃烧室壁、气门顶部及火花塞上的积炭形成炽热点，易造成可燃混合气的早燃。这种不正常的燃烧，更加剧了发动机的过热现象，形成恶性循环，缸体和缸盖易产生热变形甚至裂纹，较为常见的是烧坏气缸垫、气门及气门座。

（3）发动机机油变质。发动机的机油在高温、高压下工作时，机油的抗氧化安定性变坏（图4-31），加剧了其热分解、氧化和聚合的过程。机油与燃烧不完全的产物、凝结的水蒸气及进气中夹带的灰尘混合，引起机油变质。另外，由于机油温度高、黏度下降，使机油变稀、油性变差、机油压力降低，发动机的零部件表面不易形成润滑油膜。同时，金属零件由于高温热膨胀较大，零件之间的正常配合间隙变小。这些都加速机件磨损，严重影响发动机的使用寿命。

图4-31　变质与未变质机油的区别

（4）发动机供油系统易发生气阻。气温越高，发动机罩内的温度也就越高，越易产生气阻现象。供油系统受热后，部分汽油蒸发成气体状态存在于油管及汽油泵中，不仅增加了汽油的流动阻力，同时由于气体的可压缩性，汽油泵出油管中的油蒸气随着汽油泵的脉动压力不断地被压缩和膨胀，破坏了汽油泵在吸油行程中所形成的真空度，造成发动机供油不足甚至中断，形成供油系统气阻。这种现象在炎热地区，特别是汽车满载爬坡或以低速长时间行驶时，更容易发生。

2）汽车底盘系统的影响

（1）汽车易发生爆胎。汽车运行时，外界气温高，轮胎散热较慢，过热易使气压过高，引起轮胎爆胎。车速越快，轮胎产生的热量越大，更容易发生爆胎（图4-32）。

（2）汽车制动效能下降。汽车的制动效能随着温度的升高将有所下降。液压制动的汽车，制动液在高温下可能产生气阻现象。在经常制动的情况下，制动液温度可达100℃以上，易导致皮碗膨胀，制动液气阻，致使制动效能下降，影响行车安全（图4-33）。

（3）润滑油性能变差。在炎热的夏季，汽车高负荷连续行驶，变速器、差速器齿轮油的温度会超过120℃，引起齿轮油变质。另外，汽车润滑脂在高温下易流失（滴点温度一般在76℃），使润滑效能下降，严重时容易烧坏齿轮和轴承。

图4-32　爆胎

图4-33　汽车制动

3）汽车电气系统的影响

（1）点火系统工作不正常。汽车在高温环境中行驶时，因点火线圈过热而使高压火花减弱，容易出现发动机高速断火现象。严重时甚至使点火线圈烧坏，影响汽车正常行驶。

（2）蓄电池易损坏。温度高，蓄电池的电化学反应加快，电解液蒸发快，极板易损坏，同时易产生过充电现象，严重影响了蓄电池的使用寿命。

2. 高温条件下汽车使用的技术措施

1）加强季节性维护

为了适应汽车夏季正常运行的要求，在夏季来临之前，应结合二级维护对全车进行一些必要的季节性检查与调整。

（1）加强冷却系统的维护，提高冷却强度。① 注意冷却系统的检查，保证有充足的冷却液。冷却液不仅能防冻，且有良好的防腐蚀性能，防止冷却系统产生水垢，提高了冷却液的沸点。注意不可使用普通水。② 检查冷却系统的密封情况、节温器和水温表的工作情况。③ 检查和调整风扇皮带松紧度或风扇电机的性能。

（2）润滑系统的检查与维护。在炎热的夏季，发动机应换用黏度较高的润滑油，大型载货（客）汽车的变速器和差速器应换用厚质齿轮油，并应适当缩短换油周期。轮毂轴承换用滴点较高的润滑脂，要按规定周期进行检查与维护。

（3）蓄电池的检查与维护。经常检查电解液密度和液面高度，电解液的密度比冬季使用时要小些，并应及时补充蒸馏水，且保持通气孔畅通。适当调整发电机调节器，减小发电机的充电电流。

（4）燃油供给系统的检查与维护。燃油供给系统在夏季最常见的故障是供油系统气阻。对于使用中的汽车，防止气阻的措施是在原车的基础上改善发动机的散热和通风，以及隔开供油系统的受热部位。

（5）加强制动系统的维护。使用液压制动的车辆应选用沸点高（不低于115～120℃）的制动液，注意检修制动总泵和分泵，特别是密封皮圈，并排除管路中的空气。气压制动的车辆要检查制动软管和分泵皮碗的良好程度，发现问题应及时更换。在行车中如感到制动效能有所下降，应停车检查、降温。另外，也可安装制动毂滴水冷却装置，改善制动毂的散热条件，确保制动良好（图4-34）。

图4-34　制动总泵和分泵

2）防止发动机爆燃

由于发动机爆燃与发动机的进气温度有很大关系，因此可以改进进气方式，降低进气温度，防止爆燃。同时，应根据发动机的压缩比选用辛烷值合适的汽油，当使用的汽油牌号低于要求时，应调整分电器上的调节装置，适当推迟点火提前角，降低燃烧室末端混合气温度；还应对燃烧室、活塞顶部、气门头等部位的积炭进行彻底清除，并清除炽热点，保持良好的散热性和正常的压缩比。有的汽车安装有爆燃限制器，要保证其性能完好。

3）加强轮胎的检查力度

高温环境下，长时间行车必须经常检查轮胎温度，防止胎温过高；必要时，应将车辆停在阴凉的地方降温，待胎温降低后再继续行驶，绝不能采用泼冷水或放气降压的方法降温。行驶中应严格控制车速，并注意加强轮胎的定期换位保养工作。按规定标准对轮胎进行充气，保持气压正常（图4-35）。

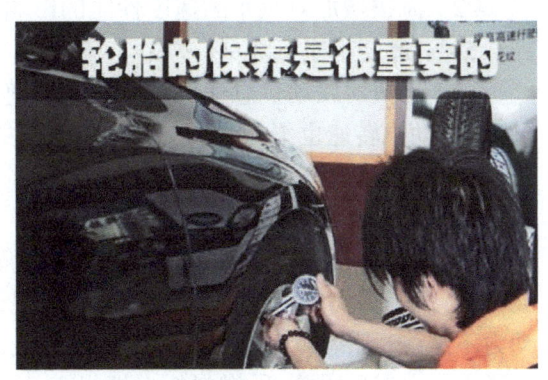

图4-35　测量胎压

4）注意车身维护

漆涂层和电镀层的湿热带地区试验表明，漆涂层的主要损坏是老化、褪色、失光、粉化、开裂和气泡等；电镀层的主要损坏是锈斑、脱皮，以及不耐汗（手触摸引起锈蚀）等。因此，在维修中，应注意喷漆前的除锈和采用耐腐蚀、耐磨性高的涂层，并加强外表养护。高温、强烈的阳光、多尘和多雨均影响驾驶员的劳动强度、行车安全和乘坐舒适性，应加装空调设备、遮阳板，或加强驾驶室、车厢的通风和防漏雨等。

5）检查空调系统

在高温、强烈阳光、多尘、多雨的条件下长期行车,驾驶员劳动强度大,容易感到疲劳,这会影响行车安全,同时影响乘客的乘坐舒适性,所以保证空调系统具有良好的工作性能对于行车安全具有重大意义。

（三）汽车在山区和高原条件下的使用（图4-36）

图4-36　山区和高原条件下汽车的使用

1. 山区、高原对汽车的影响

汽车在山区和高原地区行驶时,由于海拔高、气压低、空气稀薄,发动机充气量少,导致发动机的动力性和经济性下降。

1）发动机的动力性下降

随着海拔的增加,气压逐渐降低,空气密度逐渐减小,导致发动机充气量下降,动力性降低。

（1）海拔对发动机功率和扭矩的影响。由于气压降低,外界与气缸内的压差减少,又因为空气密度小,故使发动机充气量下降,混合气变浓。由于大气压力降低,进气管真空度相应减小,真空点火提前装置的工作受到影响,点火推迟,同时因压缩终了的压力和温度降低,故混合气的燃烧速度缓慢。充气量和燃烧速度下降均会使发动机的动力性降低,海拔每增高1 000 m,发动机的功率和扭矩分别下降12%和11%。

（2）海拔增加对汽车的速度性能的影响。海拔每增加1 000 m,加速时间和加速距离加长50%,最高车速下降9%左右。

（3）海拔对发动机怠速性能的影响。随着海拔的增加,大气压力降低,进气管真空度下降,发动机转速也下降,使怠速不良。海拔每增加1 000 m,怠速转速降低50 r/min。同时,发动机怠速稳定性变差。

2）发动机燃油消耗增大

高原、山区环境下行驶的汽车,发动机循环充气量明显下降,若供油系统未经过调整或校正,则随着海拔的增加,空燃比变小,混合气变浓,发动机油耗增加。同时,因发动机动力不足,又因高原、山区坡度大,道路复杂,汽车经常采用低挡大负荷行驶,也会引起油耗增大。大气压力降低,燃料挥发性提高,因而易产生气阻和泄漏,使油耗增大。

3）润滑油易变质

由于高原行车发动机功率下降,且高原、山区道路复杂,行驶阻力大,因此发动机满负荷工作的时间比例增大,发动机易过热。发动机工作温度升高,使润滑油黏度变小,氧化速度加快。同时,浓混合气燃烧不完全,窜入曲轴箱后,会稀释润滑油而加快其变质。润滑油变质使发动机润滑不良,加剧了机件的磨损,缩短了发动机的使用寿命。

4）冷却液易沸腾

随着海拔的增加、大气压力的降低,水的沸点也降低。因此,冷却水易发生沸腾现象,蒸发量增大。同时,由于冷却液的沸腾和经常添加,冷却系统易形成水垢,使散热能力降低。

5)制动性能变差

汽车在山区行驶,制动频繁,导致制动蹄摩擦片和制动鼓发热。特别是下长坡时,制动蹄摩擦片温度很高,有时超过其所能承受的温度限度(250℃),此时,制动蹄摩擦片的摩擦系数急剧下降,严重时可能使制动失灵。另外,制动蹄摩擦片持续高温,磨损加剧,常有破裂的现象。气压制动的汽车,因高原、山区空气稀薄,空气压缩机的供气压力不足,而且制动频繁,增大了耗气量,所以常常不能保证汽车制动,特别是汽车的安全制动。液压制动的汽车,在高原和山区使用醇型制动液,制动管路常发生气阻现象,致使制动失灵,造成事故。

6)人的高原反应

因高原大气压低,空气稀薄,年龄过大或不适应高原气候的人驾车时,往往因缺氧而发生暂时性的病理变化。其主要症状是头晕、头痛、恶心、耳鸣、呕吐、心率过快、呼吸急促、四肢麻木、神志恍惚等,另外还有记忆减退、心情紧张、焦虑增加、食欲减少、容易疲劳等现象。

2. 高原和山区环境下汽车的使用技能

1)发动机性能的改善

在高原、山区环境下使用汽车时,发动机的动力性下降,油耗增多,磨损加剧。

(1)汽车的选购。若汽车需要经常在高原、山区环境下使用,应选购汽车制造商为该地区专门设计、制造的高原型汽车(图4-37)。

(2)提高压缩比。由于高原地区空气稀薄,发动机实际充气量减少,故压缩行程终了时气缸内的压力和温度均下降。适当提高发动机的压缩比,不仅可以提高压缩终了的温

图4-37　高原型汽车

度和压力,加快燃烧速度,增大膨胀比,而且可以采用较稀的混合气,提高发动机的动力性和经济性。可以采用高压缩比的气缸盖提高压缩比。高压缩比的气缸盖可以是特制的,也可以将原气缸盖减薄,使燃烧室容积减小,提高压缩比;还可以通过采用较薄的气缸垫,使压缩比有所提高。

(3) 调整油路和电路。随着海拔的增加,充气量减小,供油系统若不调整,则混合气变浓,使燃料燃烧不完全。因此,应根据海拔调整循环供油量。因海拔高,发动机压缩终了的压力降低,火焰传播速度减慢,所以可将点火提前角比平原地区略微提前2°。适当加大火花塞间隙、减小断电器触点间隙,可以增强火花塞跳火强度,但断电器触点间隙不能过小,以防止触点烧蚀。

(4) 采用含氧燃料和增压设备。含氧燃料就是在汽油中掺入乙醇、丙酮及其他含氧化合物。这些物质的分子中含有氧,使燃烧过程中的氧气量增加,从而补偿了高原气压低、空气量不足的问题。采用增压设备是改善车辆在高原地区的动力性、经济性的有效方法。装有增压器的发动机,进气压力增大,进气量增加,改善了燃烧条件,使有效功率得到提高。发动机有效功率的增加与压力增加基本上成正比。现代汽车发动机的增压压力一般为 147～156.8 kPa。

(5) 蓄电池的维护。汽车在高原、山区使用时,应经常检查蓄电池电解液,补充蒸馏水,调整其密度,以保证蓄电池的技术状况完好,提高点火系统的点火能量。

(6) 改善润滑条件。在高原、山区行驶的汽车,其所使用的发动机润滑油应具有良好的黏温特性,以保证发动机在低温时启动性能良好,高温时具有良好的润滑性能。为防止润滑油变质,应保持良好的曲轴箱通风,并采用机油散热器散热。

2) 汽车安全性能的改善

在高原、山区环境使用的汽车,由于地形复杂,常会遇到上坡、下坡、路窄、弯多等问题,因此采取相应的技术措施改善其安全性能是非常重要的。特别是制动性能的改善,对于汽车在高原、山区安全行驶尤为重要。

(1) 采用耐高温制动摩擦片(图4-38)。汽车在繁重工作条件下制动时,如下长坡、连续高强度的制动或高速制动时,制动器温度会很快上升,产生热衰退现象,制动力矩明显下降。汽车制动器抗热衰退性能与制动器摩擦副材料及制动器的结构有关。一般制动器以铸铁做制动鼓,以石棉摩擦材料做摩擦片。目前,国产石棉摩擦片所能承受的最高温度为250℃。工作温度低于该温度值时,摩擦片与制动鼓间的摩擦系数为0.3～0.4,且较稳定。但温度高于该值后,摩擦系数会大幅度下降,从而使制动距离增长。采用耐高温制动摩擦片是一种改善汽车在高原、山区环境下安全性能的最简易的方法。耐高温制动摩擦片采用环氧树脂、三聚氰胺树脂等改进的酚醛树脂作为黏合剂或采用无机黏合剂,把石棉摩擦材料黏结、固化成形而制成。石棉摩擦材料中常加有金属添加剂,摩擦片温度高达400℃以上时,尚可产生足够的制动力矩,可适应高原、山区环境下

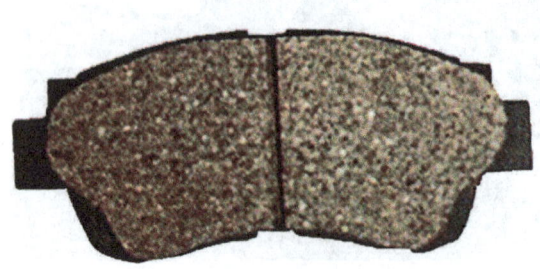

图4-38 耐高温制动摩擦片

行车制动的需要。

（2）采用辅助制动器及发动机制动。辅助制动器有电力涡流制动器、液力涡流制动器和发动机排气制动器三种。前两种体积较大、结构复杂，多用于山区或矿用重型汽车上。发动机排气制动是一种有效而简便的措施，它在发动机制动的基础上，再在发动机排气管内装一个片状阀门，利用关闭发动机的排气通道来牵制发动机的转速，以达到控制车速的目的。汽车下长坡时，需要持续不断的制动以控制汽车的行驶车速。此时，利用发动机制动可减轻车轮制动器的工作强度，降低温度升高幅度。在采用发动机制动时，变速器挡位越低，同样车速下的发动机转速就越高，产生的制动力矩就越大。一般下长坡采用发动机制动时，把变速器挂入上坡时所用的挡位较合适。

图4-39　矿油型制动液

（3）采用矿油型制动液（图4-39），防止制动系统气阻。液压制动的汽车大多数使用醇型制动液，其所含的乙醇极易挥发和吸水。在高原、山区行车，制动频繁，制动管路易发生气阻现象，导致制动失灵，给行车安全带来极大威胁。采用矿油型制动液可以弥补该缺陷。矿油型制动液具有制动压力传递快、制动效果好、不易挥发变稠等特点，但使用矿油型制动液必须同时换用耐矿物油的橡胶皮碗。

（4）制动鼓淋水散热，防止热衰退。为了防止制动器过热，在下坡前开始对制动鼓外圈淋水进行冷却，这可以基本防止摩擦片的烧蚀现象。采取制动鼓淋水的方法虽然很好，但缺水地区无法使用。

（5）保持轮胎胎压，防止轮胎爆裂（图4-40）。海拔增加时，轮胎气压也会升高。同时，轮胎传递驱动力较大或速度过高时，轮胎表面温度较高，橡胶强度变差。因此，在高原、山区汽车行驶时易爆胎而引发事故，需要注意保持轮胎压力不超过规定值，同时注意轮胎的工作温度。

（6）改善灯光条件，确保夜间行车安全。由于高原、山区路窄、弯多，在夜间行车时，应加大汽车前照灯的照射范围（图4-36），便于驾驶员看清前方路况，强照灯最好采用能随转向传动机构及车架载荷变化而做相应转动的装置（图4-41），即采用"智能车灯"。

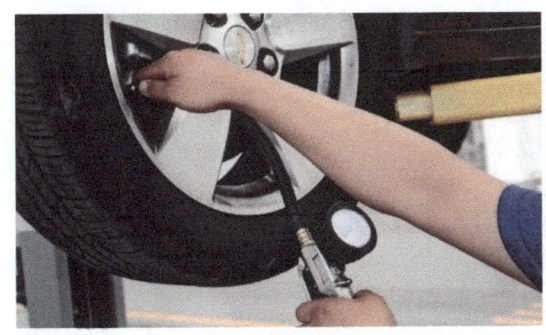

图4-40　保持正确的胎压

图4-41　智能车灯

加强制动系统的检查和维护工作,保证制动系统技术状况完好,并严禁下坡熄火滑行。高原、山区的道路等级低,制动、转向、换挡次数明显增加,轮胎磨损加快。因此,宜于适当缩短维护周期。

图4-42 严禁疲劳驾驶

3)驾驶员要求

(1)注意劳逸结合(图4-42)。严格控制驾驶和作业时间,每天连续工作时间一般不超过6 h。停车检修和做其他事情时,要步履缓慢,不易做剧烈运动。克服开夜车、疲劳车的不良习惯,保证6~8 h的睡眠时间,保证精力充沛。

(2)注意行车中的心理卫生。在行车前、行车中,驾驶员必须增强自我调控能力,消除不良情绪影响。如在出车前应做好思想准备,振奋精神,克服畏难情绪;行驶中防止枯燥情绪产生,应把注意力集中在安全行车中。特别是拖拉机长途行驶,车速慢、噪声大,容易使人心烦意乱,加重疲劳感,分散注意力。因此,心情不要过于急躁,应耐心操作、谨慎驾驶,疲劳时可先短暂休息再行车。

(3)有高原反应的驾驶操作人员,应避免到海拔较高的地方出车。初到高原地区的人员需要出车时,应带上备用药品,做好防护工作,以保证安全行车。

(4)注意特殊天气及险要情况下的安全行驶。遇到异常天气时(如大雨、浓雾、风沙、冰雪等),一般不宜行车;必须行车时,要低速慢行。特别是在冰雪天或雨天行驶时,轮胎容易打滑,只能慢慢行驶,切忌快制动;大雨或久雨后,一定要查明道路有无被雨水冲垮,路基下沉塌方、山石掉落等情况;在行驶中如遇风雾弥漫、尘沙飞扬的情况,应停车休息或慢行。在傍山险路地段,驾驶员必须思想集中、判断及时,要随时做好停车准备,并密切注意路边的标志,时刻注意对面来车和路旁情况,严禁上坡换挡和下坡空挡滑行。

想一想

1. 行驶前需要检查哪些项目?
2. 为什么说低温对汽车影响很大?

项目四 汽车的合理使用

任务三　了解汽车的节油方法和技巧

了解汽车驾驶技巧对节油的影响，学会节油的方法。

任务导入

把同一台车交给两个具有不同驾驶风格的人，跑出来的油耗差距有多大？我们决定试一试。同样是A级车，朋友的车跑出了 10 L/100 km 的综合油耗值，而我的车却只有 6.5 L/100 km。朋友一口咬定是车子的问题，而我说人的问题更大——不同的驾驶习惯，即使是同一台车也会有截然不同的油耗数据。朋友不信，为了证明我的命题，我决定邀测试总监证明：同一台车交给两个具有不同驾驶风格的人，结果跑出来的油耗会有巨大差异。那么我们要怎么做才能真正做到省油呢？

一、汽车启动升温与节油

发动机启动对汽车节油的影响很大，其中关键是温度，我们以传统材料进行分析。

1. 常温冷车启动

常温冷车启动时，要轻踩加速踏板，尽量做到启动发动机一次成功。为了减轻发动机的磨损并减少油耗，常温启动后应待水温至一定温度再起步。

2. 低温启动

冬季，北方气温一般在-25℃左右。汽车在低温条件下行驶时，发动机启动困难、润滑条件差、运动磨损加剧、燃油消耗明显增加，具体表现如下：

（1）发动机启动困难。低温条件下，发动机启动困难的主要原因是：润滑油黏度增高，曲轴阻力增大；蓄电池内电阻增大，造成端电压显著下降，甚至不能放电，即使放电，也会因为极板内层的活性物质不能被充分利用，而使得输出容量大大减小；启动机得不到所需的输出功率，启动转速达不到要求，发动机启动转速低，燃油气化质量进一步变差，难以形成混合气。

（2）冷却系统易结冰。水冷式发动机在工作时应经常保持 80～90℃的水温，发动机罩下应保持在 30～40℃。若发动机在低温下运转，不仅会增加气缸磨损量与燃油消耗量，而且也易冻裂散热器。

（3）蓄电池工作不佳。低温下，蓄电池电解液不够时，相当于增加了电解液的水

103

分，蓄电池便有可能结冰。经验表明，电解液温度每下降1℃时，蓄电池的容量将下降1%～5%。因此，冬季应使蓄电池处于良好的充电状态。

（4）燃油消耗量最佳。低温启动时，机油从机油泵流入曲轴轴承需要2～3 min，不但增加了启动阻力、加剧了机件磨损，而且增加了燃油消耗。

（5）行车条件恶化。寒冷地区，冰雪天气较多，在冰雪路面上行车容易溜滑，通行困难；在刮风飘雪时行车，视线差，驾驶操纵困难，制动效能明显降低。这些不利因素既有碍安全行车，又增加燃油消耗。

3. 热启动

汽车行驶过程中，常有临时停车熄火后，又重新启动发动机的情况。由于这种热车启动发动机的次数较多，所以做好热车启动可以较好地节油。为了热车启动省油，要求更轻地踩加速踏板，且做到启动发动机一次成功，启动后立即进入怠速运转。另外，夏季气温高，停车后再启动往往会出现气阻现象，需要采取局部降温或泄放汽油蒸气等措施后，再启动发动机。发动机启动后，水温升到40℃以上才能起步行车（图4-43）。

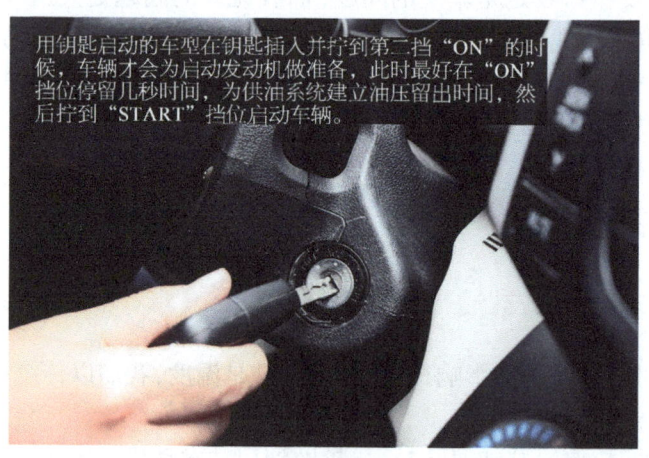

图4-43　启动发动机（AR）

二、汽车起步加速与节油

汽车起步要使用低速挡，因为起步要克服车辆的静止惯性，需要有较大的转矩。对于传统的载货汽车，在天气良好的情况下，首次起步时，应在启动发动机前，先将变速杆挂二挡，踩下离合器，然后再启动发动机。满载或在坡道上起步，必须用最低挡位、节气门小开度，这样可以克服静摩擦力和向后滑的惯性。汽车移动后迅速换入高一级挡位。

汽车起步时，要使发动机既不熄火又能省油，关键在于能否正确掌握抬离合器和踩加速踏板的要领（图4-44）。当起步加速时，踩下加速踏板的轻重以听发动机的声音增高较柔和为宜。当听到发动机发闷的声音时，说明加速过量，应稍抬加速踏板，防止发动机短期内出现高负荷，增加油耗和磨损。稍轻踩加速踏板，提速较慢，但较省油；稍重踩加速踏板，提速较快，但较费油。如果加速踏板踩得过猛，会引起车辆加速过快而向前冲，使转动机件受到损伤；若加速踏板踩得过轻，则易使发动机熄火，需要进行再次启动。

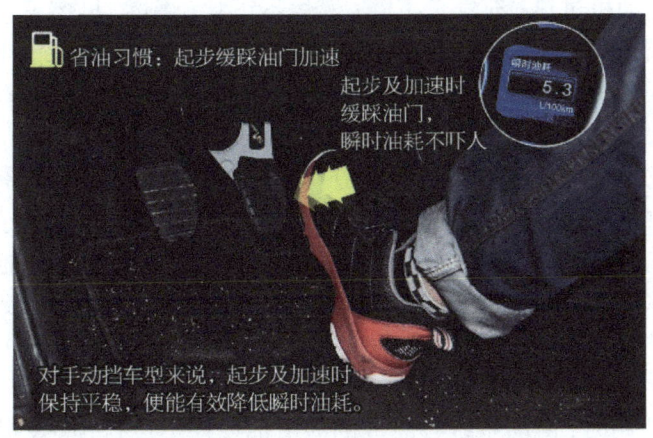

图4-44　汽车起步加速与节油

三、汽车换挡操纵与节油

汽车换挡的合理选择与及时换挡影响着汽车的燃油消耗。

1. 挡位的选择

低速挡主要用于起步、爬坡及牵引大的工况,但因运行燃油消耗量大,不宜长时间使用;中速挡适用于转急弯、窄路会车和通过困难道路等,虽然速度稍快,但不适合长距离行驶,作为过渡挡位,大多被用于挂入高速挡前的加速;高速挡,由于传递到驱动轮上的转矩小,但速度高,所以是汽车在良好的路面上正常行驶的常用挡位。

2. 及时换挡

汽车行驶中掌握好换挡的时机对节油而言是十分重要的。

低速挡换高速挡(加挡):汽车在平路上行驶,必须根据车型按最佳的换挡车速自低速挡依次换入高速挡,超前或滞后都会使油耗增加。采用低挡高速行驶或高挡低速行驶都会使发动机运行在高油耗区,从而增加车辆的油耗。

高速挡换低速挡(减挡):在汽车运行过程中,由于道路阻力增加或情况变化,高一挡的动力不足难以维持汽车正常行驶时,就需减挡。较早减挡不能充分发挥高一挡位的发动机负荷率高的优势,油耗会上升;过迟减挡会使发动机超负荷运转,机件磨损增加,油耗也会上升,甚至会因工况恶化而熄火。

四、汽车的行车温度与节油

汽车行车温度包括发动机温度、机油温度、发动机罩内空气温度,以及变速器、驱动桥、主减速器的油温等。汽车行车温度直接影响行车燃油的消耗。

1. 发动机水温对油耗的影响(图4-45)

提高水温将会使气缸及气缸各部分的表面温度升高,从而使进入气缸的混合气温度提高。

温度过高：发动机过热；充气量下降；燃烧不正常（爆燃、早燃）；供油系统气阻；机油黏度小，油膜过薄，承载能量变差，磨损加剧；油耗增大。温度过低：传热损失增大；燃烧速度低；有效压力下降；燃油不易挥发，油滴相对增多；混合气变稀，不易燃烧或火焰传播速度减慢；机油黏度大，不能很好地填充到摩擦表面；油耗增加。

试验表明：发动机的正常水温应保持在 80～85℃；冬季发动机罩下温度应保持在 20～30℃。正常的发动机和罩下气温，有利于汽油气化和进气均匀分配，可以保持发动机具有良好的动力性和经济性，还可以使机油保持正常黏度和润滑性能，减少摩擦阻力，从而节省燃油。水温在 80～90℃时，发动机的燃油消耗率最低，转矩较高。

2. 行车温度与汽车行驶阻力（图 4-46）

变速器、驱动桥、主减速器的润滑油温度过低时，黏度变大，汽车行驶阻力增加。汽车在低温条件下使用时，传动系统各总成的润滑油往往不进行预热，提高油温使其达到正常温度是靠零件摩擦和搅油产生的热量来保证的。由于传动系统润滑油温度低、黏度大，汽车运行阻力增加，其总成在很长一段时间内负荷较大，从而使油耗增加，也引起零件磨损加剧。

在冬季，汽车起步后随着行驶距离的增加，各部位的温度升高，百公里油耗逐渐下降。待达到正常温度后，油耗趋于稳定。

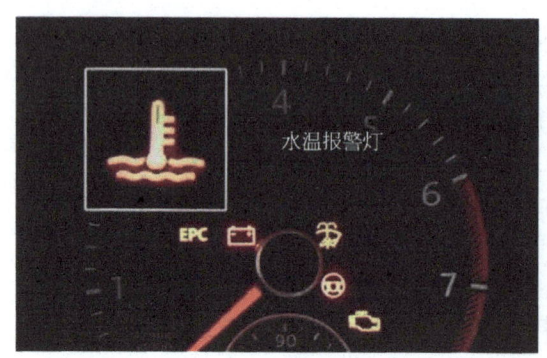

图4-45　水温报警灯

图4-46　行车温度

图4-47　汽车滑行与节油

五、汽车滑行与节油（图 4-47）

利用汽车的惯性行驶达到滑行的目的。汽车滑行时，发动机轻负荷工作从而节省燃料。

1. 下坡滑行

汽车下坡时，在保证安全的前提下，可充分利用其自身的惯性让汽车滑行，从而节油。在下坡的坡道小于 5%、坡长超过 100 m 的直线道路上，可采用下坡滑行，但车速须控制在 30 km/h 以内。

2. 加速滑行

加速滑行实质是在行驶时，用瞬间多消耗燃料来提高车速，利用加速时存储的动能让汽车滑行。在滑行时，发动机处于怠速低负荷状态，从而可节省一部分燃料。

3. 减速滑行

减速滑行是预见性滑行。汽车在行驶中遇到特殊情况，如窄途会车、避让等需要减速通过，或车辆在进场、转向、掉头、靠边停驶等情况下需要减速时，驾驶员一般都在做出正确判断后，松开加速踏板，利用车辆的初速度滑行，达到减速或停车的目的，可以节油。

汽车打蜡

汽车打蜡（图4-48）对于新车的漆面保护有着相当重要的作用。作为汽车美容的传统项目，打蜡的作用首先就是防水、防酸雨。由于车蜡的保护，会使车身的水滴附着量减少，效果十分明显，能达到50%～90%。其次是防高温和紫外线。天气越来越热，汽车常年在外行驶或存放很容易因光照而导致车漆老化褪色，而打蜡形成的薄膜可以将部分光线反射，有效避免车漆老化。再次就是车蜡可以防静电，当然同时也防尘。汽车在行驶时与空气摩擦产生静电，而车蜡则可以有效地隔断车身与空气、尘埃的摩擦。少了静电，车就自然少了灰尘的吸附，而且车蜡还能起到上光的作用，使汽车显得更新、更好看一点。

1. 目的与要求

（1）所有操作要求符合规范，操作应采取正确的步骤、方法。

（2）正确按要求把车清洗完毕。

（3）正确上蜡，动作规范。

（4）操作完毕后，设备工具复位。

2. 器材与设备

（1）轿车一辆。

（2）高压水枪一把。

（3）抹布若干。

（4）清洁用具。

（5）汽车蜡一桶。

图4-48 打蜡（AR）

3. 注意事项

（1）如何选择车蜡。目前，市场上车蜡种类繁多，有固体和液体之分，车蜡质量也不一样。各种车蜡性能不同，其作用与效果也不一样，所以在选用时必须要慎重，选择不当不仅不能保护车体，反而使车漆变色。

（2）应根据车蜡的作用特点、车辆的新旧程度、车漆颜色及行驶环境等因素综合考虑。新车最好用彩涂上光蜡以保护车体的光泽和颜色，夏天时则宜选用防紫外线车蜡，行驶环境较差时应用保护作用突出的树酯蜡。普通车辆选用普通的珍珠色或金属漆系列车蜡即可；高档汽车则应选用高档的车蜡，否则对车体有损害。当然，选用车蜡时还必须考虑与车漆颜色相适应，一般深色车漆选用黑色、红色、绿色系列的车蜡，浅色车漆选用银色、白色、珍珠色系列车蜡。应当注意的是，新车不要随便打蜡。有人购回新车后便给车辆打蜡，这是不可取的。因为新车本身的漆层上已有一层保护蜡，过早打蜡反而会把新车表面的原装蜡除掉，造成不必要的浪费。一般新车购回5个月内都不必急于打蜡。

（3）要掌握好打蜡频率。由于车辆行驶的环境、停放场所不同，打蜡的时间间隔也应有所不同。一般有车库停放、多在良好道路上行驶的车辆，每3～4个月打一次蜡即可；露天停放的车辆，由于风吹雨淋，最好每2～3个月打一次蜡。通过触摸也能进行判断，一般而言，用手触摸车身感觉不光滑时，就可再次打蜡。

（4）打蜡前最好用洗车水清洗车身外表的泥土和灰尘。切记不能盲目使用洗洁精和肥皂水，因其中含有的氯化钠成分会侵蚀车身漆层、蜡膜和橡胶件，使车漆失去光泽、橡胶件老化。如无专用的洗车水，可用清水清洗车辆，将车体擦干后再上蜡。应在阴凉处给车打蜡，保证车体不致发热。因为随着温度的升高，车蜡的附着性变差，会影响打蜡质量。

（5）上蜡时，应用海绵块涂上适量车蜡，在车体上直线往复涂抹，不可把蜡液倒在车上乱涂或做圆圈式涂抹。一次作业要连续完成，不可涂涂停停。一般蜡层涂匀5～10 min后就可用新毛巾擦亮，但快速车蜡应边涂边抛光。车身打蜡后，在车灯、车牌、车门和行李箱等处的缝隙中会残留一些车蜡，使车身显得很不美观。这些地方的蜡垢若不及时擦干净，还可能产生锈蚀。因此，打完蜡后一定要将蜡垢彻底清除干净，这样才能得到完美的打蜡效果。

4. 操作流程

（1）汽车清洗。为了保证打蜡效果，打蜡前必须对车辆进行彻底清洗。

（2）上蜡。上蜡可分为手工上蜡和机械上蜡两种，手工上蜡简单易行，机械上蜡效率高。无论是手工还是机械上蜡，都要保证漆面均匀涂抹。手工上蜡时，首先将适量的车蜡涂抹在海绵上（专用打蜡海绵），然后按一定顺序往复直线涂抹，每道涂抹应与上道涂抹区域有1/5～1/4的重合度，以防止漏涂及保证均匀涂抹。机械上蜡时，将车蜡涂在打蜡机海绵上，具体涂抹过程和手工雷同。值得注意的是，在边、角、棱处的涂抹应避免超出漆面，而在这方面手工涂抹更容易把握。

（3）抛光。根据不同车蜡的说明，一般涂抹后5～10 min即可进行抛光。抛光时遵循"先上蜡先抛光"的原则，确保抛光后的车表不受污染。抛光作业通常使用无纺布毛巾往复直线运动，适当用力按压，以清除剩余车蜡。

在您自力更生、妙手打蜡时要注意以下问题：

（1）打蜡作业环境应清洁，有良好通风，有条件的话可设置专门的打蜡工作间。

（2）应在阴凉处给汽车打蜡，否则车表温度高，车蜡附着能力会下降，影响打蜡效果。

（3）打蜡时，手工海绵及打蜡机海绵运行路线应该直线往复，不宜环形涂抹，防止由于涂层不均造成强烈的环状漫射。

（4）打蜡时应遵循先上后下的原则，即先涂抹车顶，前、后盖板，车身侧面等。

（5）打蜡时，若海绵上出现与车漆相同的颜色，则可能是漆面已经破损，应立即停止打蜡，进行修补处理。

（6）抛光作业要待上蜡完成后的规定时间内进行，且抛光运动也是直线往复。未抛光的车辆绝不允许上路行驶，否则再进行抛光，易造成漆面划伤。

（7）抛光结束后，要仔细检查，清除车牌、车灯、门边等处残存的车蜡，防止产生腐蚀。

（8）打蜡结束后，设备及用品要做适当清洁处理并妥善保存。

（9）要掌握好打蜡的频率。由于汽车行驶及停放环境不同，打蜡间隔时间不可按部就班，但可以用手拭车身漆面，若无光滑感，就应该进行再次打蜡。

 任务评价

序号	考核内容	配分	评分标准	评分记录	扣分	得分
1	能按要求对汽车进行冲洗，以及完成打泡沫流程	25	每少做一项扣5分 表述不准确扣3分			
2	上蜡。手工上蜡	25	每少做一项扣5分 动作不规范扣3分			
3	抛光。一般涂抹后5～10 min即可进行抛光	25	每少做一项扣5分 动作不规范扣3分			
4	能按要求对车内部进行清洁，以及安全检查	25	每少做一项扣5分 动作不规范扣3分			
	分数合计	100	最终得分			

 **想一想**

1. 随着成品油价格不断提高，请总结一下驾车节油的方法。
2. 调查几款车型，相同排量下，每百公里油耗分别为多少？

练一练

一、判断题（对的打√，错的打×）

1. 新车走合里程通常为7 500 km。　　　　　　　　　　　　（　　）
2. 走合里程通常为1 500～2 500 km。　　　　　　　　　　　（　　）
3. 在走合期内，汽车可以高速驾驶。　　　　　　　　　　　（　　）
4. 在走合期内，汽车不可以满负荷驾驶。　　　　　　　　　（　　）

5. 在走合期内驾驶车辆应注意，发动机启动后应预热升温，待冷却液温度升到50～60℃再起步。（   ）
6. 在走合期内驾驶车辆应注意，发动机启动后应快速运转，待冷却液温度升到90～100℃再起步。（   ）
7. 汽车走合期必须遵守的主要规定是：限速、减载、选择优质燃料及润滑油和正确驾驶。（   ）
8. 汽车走合期必须遵守的主要规定是：加速、减载和慢慢驾驶。（   ）
9. 汽车走合期结束后，应直接投入正常运行。（   ）
10. 汽车走合期结束后，应结合二级维护对汽车进行全面的检查、紧固、调整和润滑作业，更换润滑油和机油滤清器，使汽车达到良好的技术状况后再投入正常运行。（   ）
11. 遇到情况应及时判断、及早采取措施，尽量采取紧急制动，制动时要猛踩刹车。（   ）
12. 无论什么季节都可以使用同一标号的柴油。（   ）
13. 带有进气涡轮增压装置的汽车，发动机高速运转后可以立刻熄火停机。（   ）
14. 为了保护环境，延长汽车的使用寿命，应使用高清洁汽油。（   ）
15. 油量警告灯亮起，应及时前往正规的加油站加注燃油。（   ）
16. 汽车制动液可长期使用，无须更换。（   ）
17. 汽车采用巡航技术可以节省燃油。（   ）
18. 良好的车况是发挥汽车性能、节省燃油的基本保证。（   ）
19. 在走合期内，要高速运转发动机。（   ）
20. 新车（包括大修竣工汽车）在开始投入使用阶段，汽车各机构中的零件正处于磨合状态，还不能全负荷运行，把这个使用阶段称为汽车走合期。（   ）

二、单项选择题
1. 汽车走合前的维护，主要是（   ）。
   A. 检查各部分状况　　　　　　　　B. 防止汽车出现事故和损伤
   C. 保证顺利完成走合　　　　　　　D. 以上三者都是
2. 在走合期内，驾驶汽车应该（   ）。
   A. 高速行驶　　　　　　　　　　　B. 多装货物
   C. 平稳起步加速不要快　　　　　　D. 加大油门
3. 在走合期内，汽油发动机转速不要超过（   ）r/min。
   A. 1 500　　　　B. 3 000　　　　C. 5 000　　　　D. 7 000

项目四 汽车的合理使用

4. 发动机低温启动困难的主要原因是（　　）。
　　A. 曲轴转动阻力大　　　　　　　B. 燃料汽化性能大
　　C. 蓄电池工作能力低　　　　　　D. 以上三者都是
5. 下列不能够起到制动作用的是（　　）。
　　A. 电涡流缓速器　　　　　　　　B. 驻车制动
　　C. 发动机排气制动　　　　　　　D. 离合器
6. 轮胎规格 225/60R16 98H 中的 225 表示（　　）。
　　A. 断面宽度　　B. 扁平率　　C. 轮胎内径　　D. 负荷指数
7. 轮胎规格 225/60R16 98H 中的 60 表示（　　）。
　　A. 断面宽度　　B. 扁平率　　C. 轮胎内径　　D. 负荷指数
8. 轮胎规格 225/60R16 98H 中的 16 表示（　　）。
　　A. 断面宽度　　B. 扁平率　　C. 轮胎内径　　D. 负荷指数
9. 轮胎规格 225/60R16 98H 中的 98 表示（　　）。
　　A. 断面宽度　　B. 扁平率　　C. 轮胎内径　　D. 负荷指数
10. 轮胎规格 225/60R16 98H 中的 R 表示（　　）。
　　A. 负荷能力　　B. 子午线轮胎　　C. 无内轮胎　　D. 速度等级
11. 按照零件磨损特性，在零件的正常工作时期，其磨损量随汽车行驶里程的增加而（　　）。
　　A. 增加　　B. 减少　　C. 缓慢增加　　D. 缓慢减少
12. 为了减缓部件的磨损，减少故障，延长车辆的使用寿命，最大限度地发挥车辆应有的功率，必须正确使用（　　）。
　　A. 车辆功能　　B. 车辆的部件　　C. 润滑材料　　D. 发动机功率
13. 电喷发动机不可以使用（　　）。
　　A. LPG　　B. 无铅汽油　　C. 含铅汽油　　D. 乙醇汽油
14. 暖机过程的目的在于使冷态下的发动机能快速达到（　　）℃工作温度。
　　A. 50　　B. 60　　C. 70　　D. 90
15. 机油油质为乳白色状，说明发动机内有漏（　　）现象。
　　A. 水　　B. 制动液　　C. 变速器油　　D. 灰尘
16. 车上蓄电池的保温，一般采用（　　）的保温套。
　　A. 铁质　　B. 木质　　C. 塑料　　D. 钢材
17. 发动机的（　　）工作温度越高，变质越快。
　　A. 防冻液　　B. 制动液　　C. 机油　　D. 水
18. 下列装备能够增加发动机的功率的是（　　）。
　　A. 废气再循环系统　　　　　　　B. 废气涡轮增压器
　　C. 电子仪表板　　　　　　　　　D. 油压调节器

19. 轮胎是由（　　）决定轮胎使用寿命和工作好坏的主要因素。
　　A. 大小　　　　　　　　　　　　B. 散热
　　C. 气压　　　　　　　　　　　　D. 规格
20. 发动机空转（　　）min 的油耗可让汽车行驶 1 km。
　　A. 8　　　　　B. 1　　　　　C. 5　　　　　D. 3

三、多项选择题

1. 根据汽车在低温条件下的使用特点，采取改善的技术措施主要有（　　）。
　　A. 预热　　　　　　　　　　　　B. 防冻
　　C. 改善混合气形成　　　　　　　D. 合理选用燃料及润滑油
　　E. 保温
2. 松加速踏板，挂挡减速滑行，视情况制动可以（　　）。
　　A. 减轻制动器的负荷　　　　　　B. 减少制动片、制动盘的磨损
　　C. 加制动液　　　　　　　　　　D. 节约汽油
　　E. 延长制动器的使用寿命
3. 低温对汽车使用的影响主要表现在（　　）。
　　A. 发动机启动困难　　　　　　　B. 燃料消耗减少
　　C. 零件材料性能变差　　　　　　D. 总成磨损较轻
　　E. 机油消耗增加
4. 汽车在山区和高原地区行驶时，由于（　　），导致发动机的动力性和经济性下降。
　　A. 发动机充气量少　　　　　　　B. 天气恶劣
　　C. 环境恶劣　　　　　　　　　　D. 路面陡峭
　　E. 空气稀薄
5. 高温条件对汽车使用的影响主要有（　　）。
　　A. 润滑性较好　　　　　　　　　B. 供油系统易产生气阻
　　C. 充气系数升高　　　　　　　　D. 燃烧不正常
　　E. 刮雨液沸腾
6. 在高温条件下，对汽车使用的技术措施有（　　）。
　　A. 检查汽车　　　　　　　　　　B. 防止爆胎
　　C. 防止爆燃　　　　　　　　　　D. 加强季节维护
　　E. 延长保养周期
7. 性能优良的发动机油应具有（　　）。
　　A. 冷却　　　　B. 清洗　　　　C. 润滑　　　　D. 防锈
　　E. 燃烧

8. 下列是汽车走合期特点的是（　　）。
   A. 行驶速度快　　　　　　　　　B. 零件磨损速度快
   C. 润滑油容易变质　　　　　　　D. 行驶故障较多
   E. 经常制动
9. 汽车的（　　），很大程度上是取决于使用初期的走合是否符合规定。
   A. 损坏程度　　B. 使用寿命　　C. 工作可靠　　D. 经济性
   E. 峰值扭矩
10. 齿轮油用于（　　）的润滑。
    A. 手动变速器　　　　　　　　　B. 曲轴
    C. 主减速器　　　　　　　　　　D. 转向器中齿轮传动
    E. 发动机
11. 起步要柔和，要稳，缓慢加速，这样就无形中（　　）。
    A. 减少了急加油所带来的汽油消耗
    B. 减少了急加油所带来的机油消耗
    C. 减少了突然加速所带来的汽油消耗
    D. 减少了突然被加速所带来的机油消耗
    E. 减少了急加油和突然加速所带来的机油消耗
12. 润滑脂主要用于汽车（　　）。
    A. 发动机　　B. 轴承部位　　C. 万向节　　D. 轮毂
    E. 变速器
13. 胎面上嵌入物如果不及时剔除将会进一步刺入胎体内，导致（　　）。
    A. 胎面裂开　　B. 车子打滑　　C. 不能制动　　D. 漏气
    E. 车辆颠簸
14. 低温条件下，合理使用汽车的措施有（　　）。
    A. 使用冷却液　　　　　　　　　B. 合理使用燃料和润滑油
    C. 保温　　　　　　　　　　　　D. 预热
    E. 延长保养时间
15. 以下可以减缓发动机磨损、提高发动机效率、延长发动机使用寿命的有（　　）。
    A. 经常做保养　　　　　　　　　B. 养成良好的开车习惯
    C. 经常清洁空气滤清、滤芯　　　D. 按规定里程更换机油和滤清器
    E. 发动机大修

项目五　车辆日常维护

　项目概述

　　随着汽车技术和质量水平的提高，汽车维护的重要性凸显。根据交通运输部《汽车运输业车辆技术管理规定》，应按"预防为主、强制维护"的原则，定期进行汽车维护。汽车维护是预防性的作业，实践证明，定时按维护间隔和项目及技术要求对汽车进行强制维护，使汽车保持清洁，及时发现和排除故障隐患，能延长汽车的使用寿命，降低故障率，防止汽车早期损坏。

任务一　汽车维护的分类

学习目标

（1）知道汽车维护的分类与内容。
（2）知道车辆日常维护内容，初步学会清洁、补给和安全检视。
（3）知道汽车停驶期间的保养。

任务导入

　　天气转冷以后，经常有桑塔纳车出现这样的奇怪现象：冷车启动后水温升温快，一会儿水箱就会开锅，水温报警灯亮（图5-1）。如果不管它，继续使发动机保持水温高的状态,很快水温又恢复正常,水箱不再开锅,水温报警灯也不亮了。并且此现象只在早晨冷启动时有,出现过之后,一整天都不再犯,但隔一夜又犯了。所以当车主将车开到服务站检修时,无论如何试车,都没有发现此种现象。仔细检查水泵、节温器和电子风扇、水温传感器,以及电路系统,都很正常。在和车主商量后,把其故障车留下观察。次日早晨冷启动试车,发现果真有

图5-1 水温过高

此现象。检查冷态时防冻液液面合格,防冻液的颜色很深(说明浓度大)。用防冻液浓度检测仪检查防冻液浓度和冰点时发现,防冻液的冰点仅为-5℃。于是,问题的症结找到了:防冻液抗寒能力不够,使冷却系统的大循环和节温器会冻结。但由于它又有一定的抗寒能力,所以不会冻坏发动机和水箱。当早晨冷车启动时,节温器被冻结,大循环通道不能及时打开,造成水温升温快,水温报警灯亮,水箱开锅。当发动机很热时,节温器就会慢慢解冻,水温也就会恢复正常。将防冻液更换后,故障现象完全消失。分析此故障的最终原因是冬季保养时更换的防冻液为伪劣产品。现在有许多路边小店使用的防冻液,其防冻能力远远不够。由于防冻液一般都有颜色,颜色越深,防冻能力越强,一些黑心店主就在自己销售的劣质防冻液中加一些色素,使其看上去像真的一样,以此欺骗那些心存侥幸的车主。

规范性的保养对每辆车而言,就与人经常需要体检,了解自己的健康状况一样重要。然而许多车主虽然明白这个道理,却总是不以为然,觉得只要车况正常,保养的费用能省就省。殊不知,一旦有了这种思想和行为后,车就要"生病"了。

 知识准备

一、汽车维护的基本原则

汽车维护应贯彻"预防为主、强制维护"的原则,保持车容整洁,及时发现和消除故障或隐患,防止汽车早期损坏,以期汽车经常处于良好的技术状况。

(1)严格执行技术工艺标准,加强技术检验,实现检测标准化。运用先进的不解体检测技术,完善检测方法,使汽车维护工作科学化、标准化。

(2)汽车的维护作业包括清洁、补给、检查、润滑、紧固和调整等。除主要总成发生故障必须解体外,一般不得对其解体。

(3)汽车维护主要应严密作业组织,严格遵守操作规程,广泛应用新技术、新材料、新工艺,及时修复或更换零部件,延长汽车的使用寿命。

(4)在汽车的全部维护工作中,要加强科学管理,建立和健全维护的原始记录统计制度,随时掌握汽车状态。通过原始记录、统计资料,经常分析、总结经验,发现问题,改进维护工作,不断提高汽车的维护质量。

二、汽车维护类型

汽车维护是对汽车采取的预防性技术措施,维护作业的内容和时机按预先规定的计划执行,其目的是预防故障发生和维持汽车的工作能力。根据不同的维护思想,便会产生不同的维护类型和维护方式。在"预防为主"的维护思想指导下,保证车辆的技术状况,维持其工作能力。

1. 按维护的性质分类

汽车维护可分为预防维护和非预防维护(图5-2)。

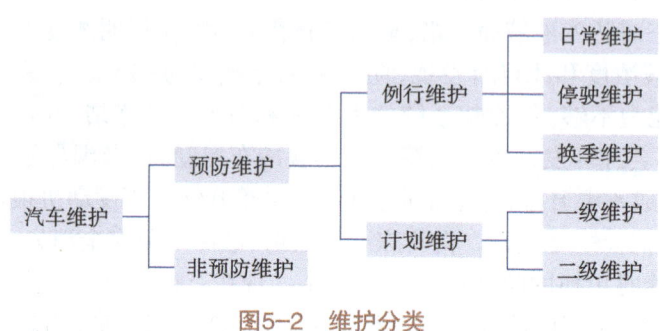

图5-2　维护分类

预防维护是指维护作业的内容和时机是按预先规定的计划执行的,其目的是为了预防故障,维持汽车的工作能力。预防维护又可以分为例行维护和计划维护。例行维护的时机和内容与汽车的行驶里程无关,如日常维护、停驶维护和换季维护等。计划维护的时机和内容与汽车的行驶里程有关,在汽车使用过程中,因为汽车的新旧程度、使用地区条件不同,在各个时期对汽车维护的作业项目也不同。根据GB/T 18344—2001有关规定,汽车维护分为日常维护、一级维护、二级维护。维护作业以清洁、检查、紧固、调整、润滑和补给为主。

1)日常维护

日常维护是由驾驶员负责执行日常性车辆维护作业。其作业中心内容是清洁、补给和安全检视,其主要内容是:

(1)坚持"三检"。即在出车前、行车中、收车后,对汽车制动、转向、传动、悬挂、灯光、信号等部位和发动机进行检视、校紧,以确保行车安全。

(2)保持"四清"。即保持发动机外表面、空气滤清器、燃油滤清器和蓄电池的清洁。

(3)防止"四漏"。即对润滑油(脂)、燃油、冷却液、各种工质、轮胎气压进行检视并视情补给;防止出现漏水、漏油、漏气、漏电等情况。

(4)对汽车外观进行清洁,保持车容整洁。

2)一级维护作业的中心内容

由维修企业负责执行。其作业中心内容除日常维护作业外,以清洁、润滑、坚固为主,并检查有关制动、操纵等安全部件。

3)二级维护作业的中心内容

由维修企业负责执行。其作业中心内容除一级维护作业外,以检查、调整转向节、转向节臂、制动蹄片、悬架等经过一定时间的使用容易磨损或变形的安全部件为主，并拆检轮胎，进行轮胎换位，检查高速发动机工作状况和排气污染控制装置等。二级维护必须按期执行，二级维护前应做检测和诊断（图5-3），确定二级维护附加作业的内容，并做好维护后的检测。二级维护竣工检测必须由取得检测许可证的汽车综合性能检测站完成。

图5-3　汽车诊断

非预防维护通常是在汽车出现故障后进行的，它适用于突发性故障，因为这类故障的出现具有很大的随机性，在故障出现前是很难预测的，因而无法预先安排维护计划。

2. 按维护作业执行分类

汽车维护可分为定期维护和按需维护。

三、汽车维护方式

汽车维护方式是维护类型、维护时机、维护内容的综合体现，通常可分为定期维护、按需维护和事后维护三种形式（图5-4）。

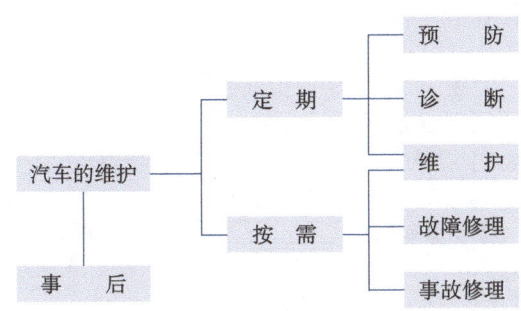

图5-4　维护方式分类

1. 定期维护

定期维护是预防维护的一种，它根据技术状况的变化规律及故障统计分布，规定出相应的维护周期，每隔一定时间（或里程）对汽车进行一次按规定内容执行的维护。

2. 按需维护

按需维护也是预防维护的一种。它是以故障机制分析为基础，通过诊断或检测设备，定期或连续地对汽车技术状况进行诊断或检查，根据检查结果来组织维护工作。

按需维护必须要做到以下几点：

（1）掌握技术状况变化的规律。

（2）掌握技术状况参数的极限值。

(3)掌握故障的现象、特征及对汽车工作能力的影响。

由于按需维护是在发现故障征兆时才进行的,因此它既能提高汽车的有效度,又能发掘汽车零部件的寿命潜力。故而,这是一种比较理想的维护方式。

3. 事后维护

事后维护方式的特点如下:

(1)采用事后维护方式可充分发掘每个零件的寿命潜力,避免因盲目拆卸而引起人为差错。

(2)采用事后维护方式时,由于故障的拆卸是随机的,因而维修工作无法做计划性安排,进行组织和管理比较困难。

(3)采用事后维护方式时,由于预先不能掌握故障发生时机,无法对其进行控制,因而故障率较高,而且当故障发生在营运期间时,会造成停驶,甚至会导致交通安全事故。根据事后维护方式的特点,可以在以下两种情况下采用:故障是突发性的,无法预测,而且事故的后果不涉及运行安全;故障是渐发性的,但故障的拆卸不涉及运行安全,其造成的经济损失小于预防维护费用。从经济的角度考虑,采用事后维护方式是有利的。

四、汽车维护流程

汽车维护制度是根据生产厂家的有关规定,结合地区具体情况,拟订方案(图5-5),组织实施并形成法定条文,强制执行。也就是说,汽车运行到规定间隔时间后,一定要严格执行与其相应的维护作业。

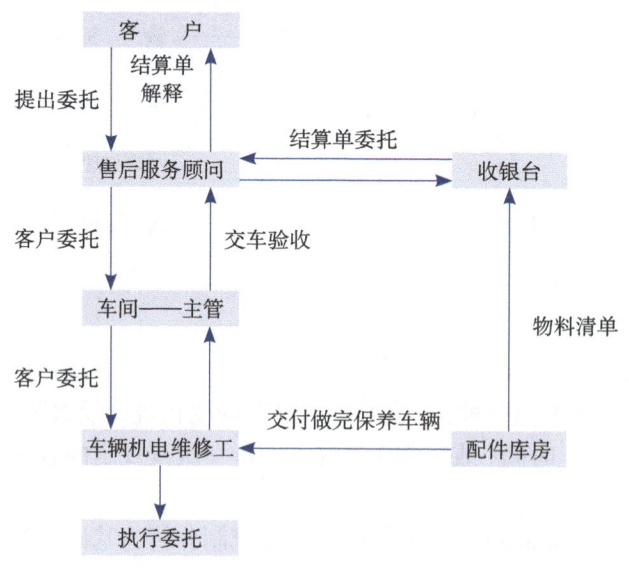

图5-5 维护流程

某维修站接受保养任务后,根据客户的委托,制定业务流程和汽车维护工作流程(图5-6)。

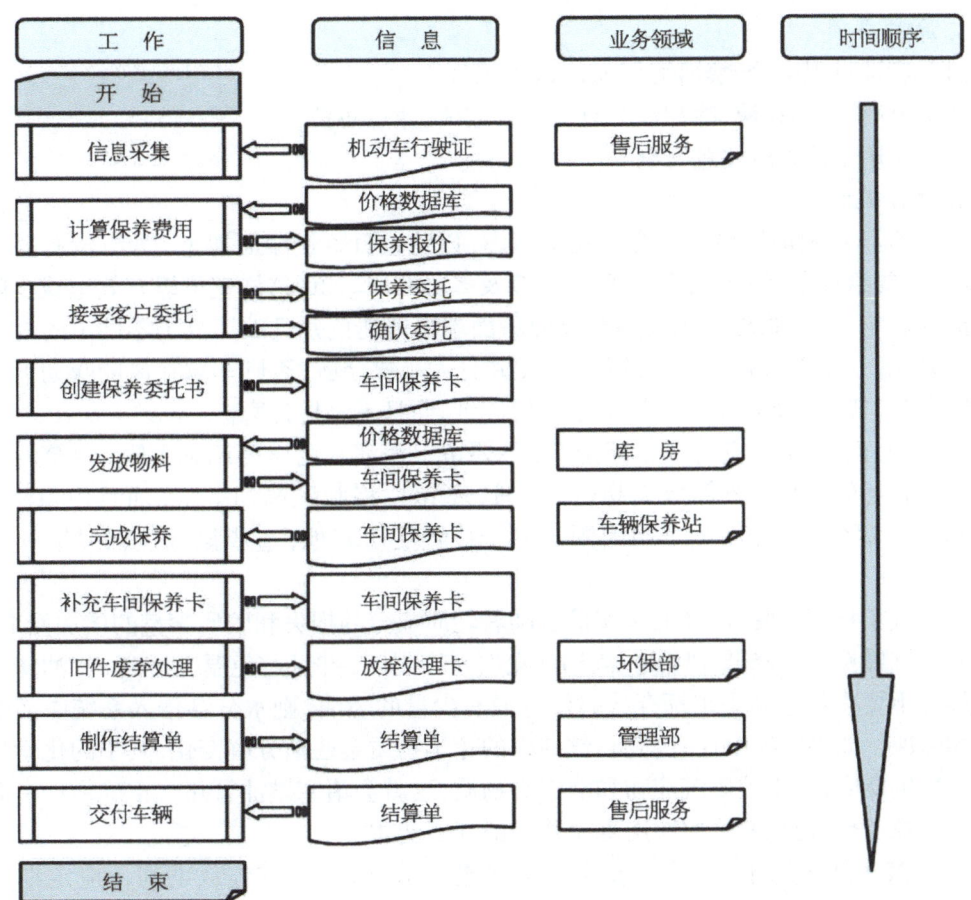

图5-6 维护工作流程

汽车停驶期间的保养

1. 目的与要求
(1) 所有操作要求符合规范,操作应采取正确的步骤、方法。
(2) 正确按要求完成停驶期间的保养内容。
(3) 操作完毕后,设备工具复位。
2. 器材与设备
(1) 轿车一辆。
(2) 冰点检测仪一台。
(3) 抹布、毛巾若干。
(4) 千斤顶一个。

3. 注意事项

（1）实训过程中，严禁嬉笑打闹，以防跌倒。

（2）电解液、制动液、冷却液为有毒有害液体，注意防护。

（3）使用千斤顶时注意安全。

4. 操作流程

（1）汽车停驶最好将汽车存放在车库内，以防止日晒使漆面褪色；如果没有这个条件，至少也要给汽车罩上汽车罩。要选择厚及多层的汽车罩，这样就可以有效地减少阳光对漆面的影响，因为强烈的阳光照射能使漆面缓慢地褪色并且破坏汽车零件中的皮革和橡胶。另外，一定要选择质量好的汽车罩，并且大小要合适，否则车罩在风的吹动下与车身来回摩擦，其结果如同给汽车罩上了一层砂纸，而且不停地打磨。

（2）汽车停放前，应清洗整理全车，不要留下泥渍。胎压要调到上限，油箱内加满油，并关闭全车电路。若停放期超过1个月，不但要将胎压调到上限，而且应每隔1周定时移动车辆数厘米，以免车胎因固定一个位置受压着地，造成该部位辐射钢丝变形（图5-7）。

（3）汽车长期停驶，汽油的辛烷值会随着轻质成分的损失和胶质含量的增加而下降，从而使其抗爆性随之降低。因此，汽油油箱要严密封闭，并且避免温度过高，汽油储存的时间最好不要太长。如果车辆存放时没有或有少量的燃油，则水分会侵入系统中而引起生锈和腐蚀。如果系统中存有燃油，汽油中的化学物质会逐渐分解变化，其中的化学物质与氧气发生反应，产生胶质沉淀物和清漆类物质，这就会堵塞燃油管路。正确做法是向燃油中添加稳定剂，延长汽油的使用寿命并保证其不变质。

（4）汽车如长期不用，应在蓄电池充足电后摘下桩头，在停放期间还应定期充电（图5-8）。最好每月启动发动机一次，检查发动机的运转情况。如有异常现象，需及时调整、维修。

（5）汽车停驶前，应放尽冷却系统中的全部防冻液，并放掉机油。

图5-7 正确使用千斤顶或者专用支架

图5-8 蓄电池充电

 **任务评价**

汽车停驶期间的保养检查单

部　　位	检　查　项　目	正常/不正常	分　　值	得　　分
其　　他	施工前准备		8	
发动机舱	发动机各阶段工况		6	
	刮雨器功能检查、加注清洗液		4	
	蓄电池极柱是否牢固		4	
	目测各零部件是否损坏		4	
	空气滤清器清洁		4	
	冷却系统检查		10	
	发动机机油、滤清器更换		8	
	转向系统检查		8	
	制动系统检查		8	
车身底盘	检查燃油管		4	
	制动液管路		4	
	排气管检查		8	
	转向横拉杆检查		4	
	底盘螺栓		4	
	轮胎检查		12	

 **想一想**

1. 汽车维护是怎么分类的？
2. 汽车停驶期间有哪些保养要求？

任务二　汽车走合期的保养

学习目标

（1）知道汽车走合前的保养内容。
（2）掌握汽车走合中期的保养内容。
（3）掌握汽车走合后的保养内容。

知识准备

汽车走合期的保养操作可分为：汽车走合前的保养、汽车走合中期的保养和汽车走合后的保养。

一、汽车走合前的保养

汽车走合前的保养是为了预防汽车出现事故和损伤，保证汽车顺利完成走合期的作业。其作业的主要内容如下：

（1）清洁。清洁全车，检查汽车全部位的连接情况。汽车外露的螺栓、螺母必须紧固稳妥（图5-9）。

（2）检查、添加燃油和润滑油。在润滑部位按规定加注足够的润滑油或润滑脂（图5-10）。应使用规定牌号的汽油或柴油。

（3）检查、补充冷却液（图5-11）。检查、补充散热器的冷却液，并检查排除全车的漏油、漏气、漏水和漏电现象。

（4）检查底盘的技术状况。检查变速器各挡能否正确变换（图5-12）；检查转向机构各部位有无松动和发卡现象；检查和调整轮胎气压。

图5-9　紧固外露的螺母和螺栓

图5-10　检查、添加燃油和润滑油

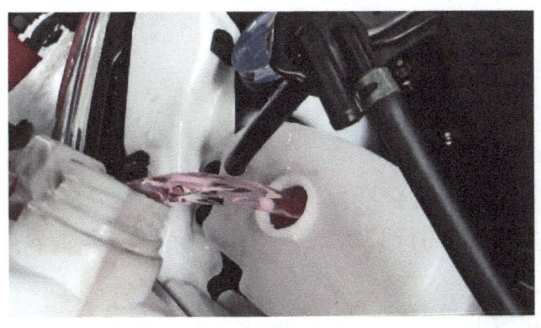

图5-11　检查补充冷却液

图5-12　检查变速器

（5）电气系统的检查与维护。检查电气设备、灯光和仪表工作是否正常,检查蓄电池电解液比重和液面高度。

（6）检查制动性能。检查制动系统的性能,试车检查制动系统的制动距离（图5-13）,看有无制动跑偏和制动发咬等现象；如不符合要求,应排除。

图5-13　检查制动性能

二、汽车走合中期的保养

汽车行驶500 km左右后应进行走合中期保养。主要是对汽车各部位技术状况开始变化的部分进行一次及时的保养,以恢复汽车良好的技术状况,保证汽车走合顺利进行,其主要内容如下：

（1）润滑。充分润滑全车各个润滑点（图5-14）。

（2）检查。检查制动效能和各连接处、制动管路的密封程度,必要时加以调整和紧固。

（3）紧固。新车行驶150 km后,需检查一次全车外部螺栓、螺母紧固情况；行驶500 km后,则应将前、后轮轮毂螺母紧固一次（图5-15）。

（4）汽车在走合期行驶过程中,注意观察其各总成的温度情况,并随时检查和排除

图5-14　检查门铰链

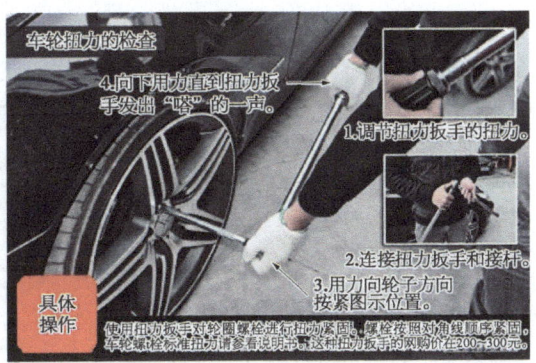

图5-15　车轮扭力检查

"四漏"情况。

三、汽车走合后的保养

汽车走合期结束后,应到指定的汽车维修站进行走合期保养。通过保养对汽车进行全面的检查、紧固、调整和润滑作业,使汽车达到良好的行驶状态。具体的保养内容如下:

(1)检测气缸压力,清除燃烧室内的积炭。
(2)清洗变速器、驱动桥、转向器并更换润滑油。
(3)清洗润滑油道,更换润滑油及机油滤清器。
(4)检查清除冷却系统的污垢,并更换冷却液。
(5)检查清洗燃料系统油道,更换汽油滤清器。
(6)检查调整点火正时,恢复蓄电池的技术状况。
(7)检查、紧固、调整转向器和前轮定位。
(8)检查和调整制动性能,更换制动液。
(9)检查调整离合器踏板的自由行程,按规定力矩检查底盘和传动部分的各部连接情况。
(10)紧固前、后悬架的螺母,检查后悬架弹簧固定螺栓及螺母有无松动;检查、紧固车身、车厢各部连接件。

1. 汽车走合中期保养有哪些重要性?
2. 汽车走合后有哪些保养内容?

任务三 汽车正常情况下的养护

学习目标

(1)掌握行车前车辆的检查。
(2)掌握行车中车辆的检查。
(3)了解行车后车辆的检查。

知识准备

一、行车前车辆的检查

1. 汽车前部检查

（1）检查冷却液量（图5-16）。冷却液箱内的液面应处在上（max）下（min）两条刻线之间。如液面低于下（min）刻线，则应及时补充同一型号的冷却液。

（2）检查润滑油（图5-17）。拉出油尺用布擦干净，插回油尺孔内，再拉出查看油量，油面应在上（max）下（min）两条刻线之间。如油面低于下（min）刻线，则应及时补充同一牌号的润滑油；如油面高于上（max）刻线，则同时查看油质。正常的油质应该是油色透亮，如未到换油保养里程却发现油质为乳化状，则说明发动机内有漏水现象、油质比较稀薄，且有汽油味说明有漏油现象，应及时到正规的维修厂做进一步的检查。

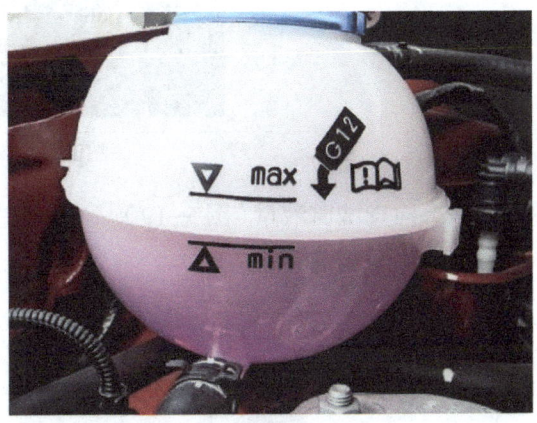

图5-16 检查冷却液量

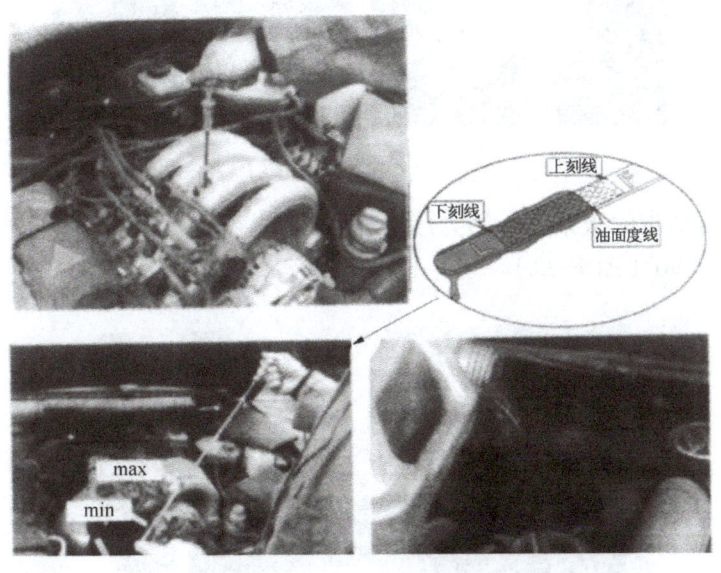

图5-17 机油的检查与添加

（3）看一看制动液罐，检查制动液（也称刹车油）量，液面应在上（max）下（min）两条刻线之间（图5-18）。

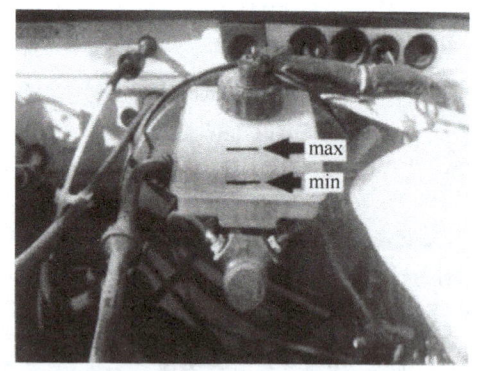

图5-18 检查制动液

（4）检查洗窗液量（图5-19）。

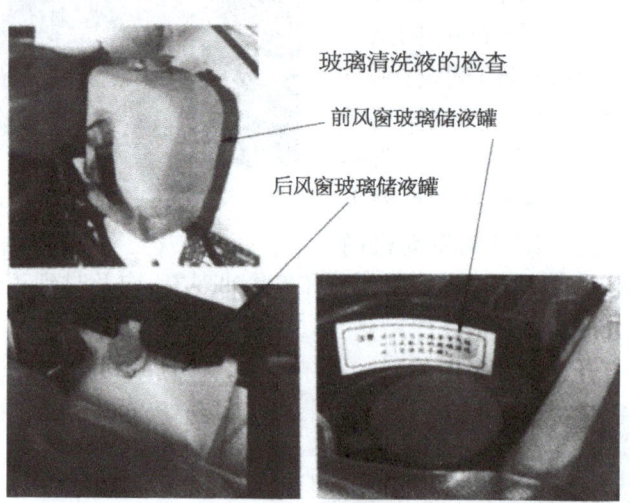

图5-19 检查洗窗液量

（5）检查传动带的张紧度。用力压一压传动带，不能大于15 mm；或用力翻转一下传动带，不能大于90°（图5-20）。

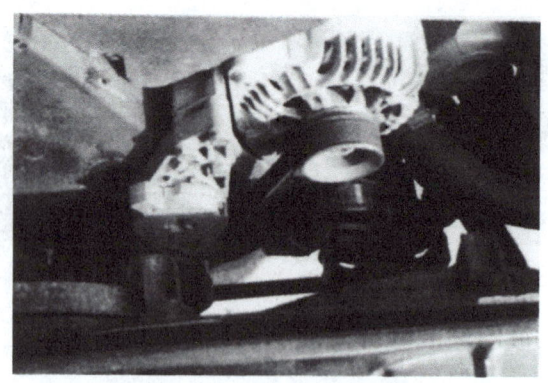

图5-20 检查传动带的张紧度

2. 汽车环视外部检查

（1）查看轮胎压扁的程度来判断轮胎气压（图5-21）。如气压过低应及时检查补气。轮胎是车子唯一接触地面的部件，要检查轮胎是否有明显的外伤、刮痕。如果胎侧有明显的伤痕，应更换轮胎，因为胎侧壁较薄，承受的压力有限，出现伤痕爆胎的机会较大。另外，如充气压力过高，轮胎则容易爆裂，特别是在夏天；而压力太低，汽车阻力增加，油耗就会相应增加。所以，汽车的说明书上标明前、后轮胎规定的气压都不一样。有时还要根据情况适当调

图5-21 保持轮胎气压正常

整，譬如在路面湿滑、天气炎热时，压力就要低些。 经常在不好的路况下行驶，就要勤检查轮胎胎面花纹上有没有尖锐的钉子、石头和碎玻璃等，以免刺伤轮胎。轮胎面上的花纹磨损到一定的程度，就需要及时更换轮胎。通常当花纹磨损到只剩下1.5～2 mm时，会发现轮胎上有一个特定的标记出现，这时就要更换轮胎了。在检查轮胎的同时还要检查轮胎螺母的紧度。

（2）查看车身漆面有无划伤、碰擦（图5-22）。

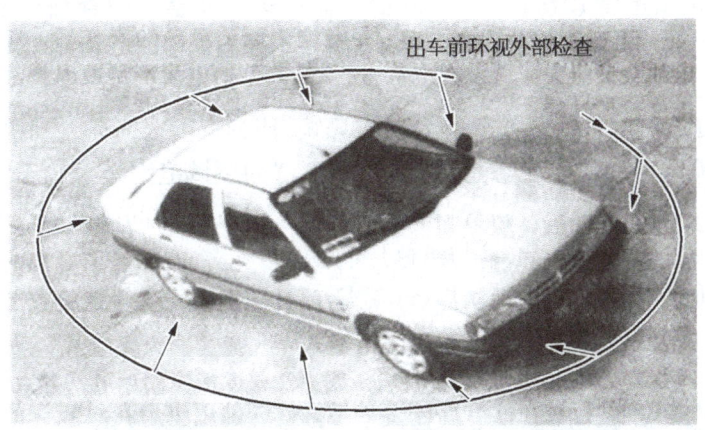

图5-22 查看车身漆面有无划伤、碰擦

（3）查看停车位地面有无滴油、滴水现象（图5-23）。观察汽车停放位置有无油污泄漏情况，如果发现车下有燃油、润滑油、水或其他液体时，应尽快找到泄漏的具体位置，排除泄漏故障。

观察车下泄漏液体的位置和颜色，可以判断出泄漏的总成。例如，观察发动机部位下部：① 红色液体一般是从液力助力转向机和自动变速器泄漏出来的。② 淡绿色液体或无色液体可判定为是防冻液。③ 蛋黄色液体多为制动液和离合器操纵机构的液体。④ 棕色或黑色液体多为发动机泄漏的机油。⑤ 清洁的水滴一般是天热时使用空调制冷

所至,微量滴水属正常现象。

(4)检查车门、风窗玻璃和倒车镜状况(图5-24)。检查所有车门,包括行李箱盖,应关闭自如,锁扣应作用良好。检查驾驶室内外各后视镜面是否完好有效,并擦拭干净;擦拭驾驶室各风窗玻璃。

图5-23　检查停车位地面有无滴油、滴水现象

图5-24　检查车门、风窗玻璃和倒车镜状况(AR)

3. 驾驶室内检查

(1)拉起驻车制动或踩下行车制动踏板,检查发出"咔""咔"的声音应为4～7次(图5-25)。若发出声音10次以上,必须由维修厂进行调整。检查制动踏板踩下情况与平常踩踏板的行程和感觉是否一样;若有异常,不要自行调整,否则会导致制动效果恶化,引发事故。

(2)检查发动机运转情况及异响。如有异响,持续下去会损坏发动机,应尽早维修。

(3)检查喷洗器的喷射状态是否良好,刮雨器的擦拭范围是否位于中央位置。喷射状态不好时,可用细针调整。检查刮雨器在"低速""高速""间歇"时的工作及擦拭状态是否正常(图5-26);如有异常,请与维修厂联系。

(4)检查前照灯、转向灯、制动灯、车宽灯、后位灯、警告灯等灯光装置是否工作正常(图5-27)。

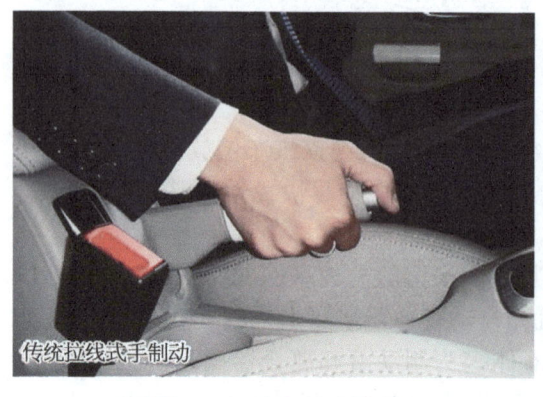
图5-25　驻车制动检查

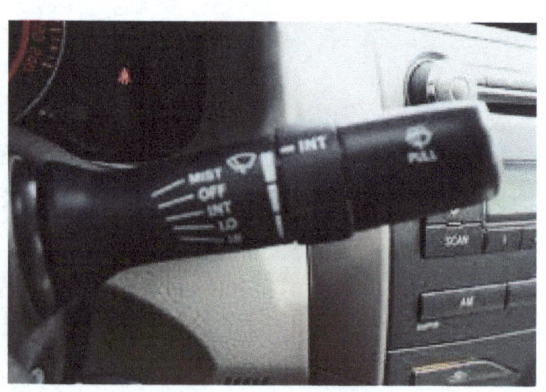
图5-26　检查刮雨器

(5)检查燃油箱的油量(图5-28)。接通点火开关看看燃油表,也可用肉眼观察或用量油尺测量油箱的存油量,但观察或测量时严禁用明火照明。

(6)检查转向系统,在车辆停止时,转向盘的游动角度间隙应小于15°;上下拉压转向盘应无松动的感觉;转动转向盘时应灵活无阻滞现象(图5-29)。

图5-27 检查车灯开关

图5-28 检查燃油箱的油量

图5-29 检查转向系统(AR)

二、行驶途中车辆的检查保养

长途行车时,行驶一段路程或一定时间后,应选择平坦、宽阔、安全可靠、能遮风或遮阳的地方停车,并进行检查保养。通常包括下列项目:

(1)检查发动机和底盘的工作情况是否正常(图5-30)。

(2)查看各种仪表工作是否有效、可靠(图5-31)。

图5-30 检查发动机和底盘

图5-31 检查仪表

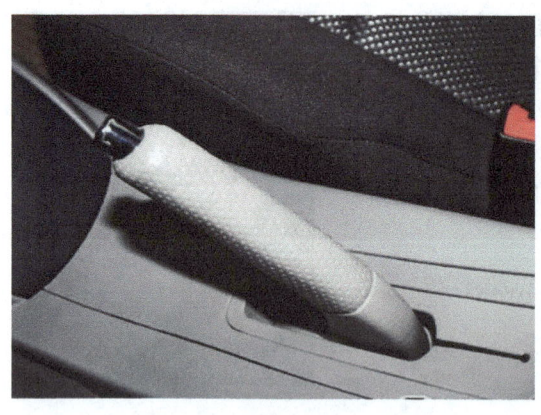
图5-32 检查手制动

图5-33 检查轮胎花纹

（3）检查转向器、手制动器和离合器的工作是否正常可靠（图5-32）。

（4）检查轮胎气压，清除轮胎花纹中的夹杂物（图5-33）。

（5）检查有无漏水、漏油、漏气现象（图5-34）。如发现有渗漏现象，应立即检查、补充和修理。检查润滑油时，应在停车10 min后进行；检查冷却水，打开散热器盖时应防止被热水喷出而烫伤。

（6）巡视全车外身，检查有无异常情况。

图5-34 检查有无漏水、漏油、漏气现象

三、行车后车辆的检查保养

行车后例行检查保养，一般要进行下列项目：

（1）检查发动机运转是否正常，查听有无漏气之处，检查和补充燃油、机油、冷却水（图5-35）。

（2）检查轮胎气压是否充足。

（3）检查冷却液（图5-36）。

（4）在严寒地区，应将蓄电池放入暖室内，关闭所有开关和拉钮。

（5）检查并配齐随车工具及附件；清洁全车外部，打扫驾驶室和车厢。

（6）检视总泵制动液液面是否符合规定（图5-37）。

（7）最后按下各车门开关按钮（图5-38），拔下点火开关钥匙，关闭车门。车门关闭后应再拉一下，确保已锁上。

图5-35　检查发动机能否正常工作

图5-36　检查冷却液

图5-37　检视总泵制动液液面

图5-38　检查各车门开关按钮

行车前对车辆进行检查

1. 目的与要求

（1）所有操作要求符合规范，操作应采取正确的步骤、方法。

（2）正确按要求完成行车前对车辆的检查。

（3）操作完毕后，设备工具复位。

2. 器材与设备

（1）轿车一辆。

（2）抹布、毛巾若干。

3. 注意事项

（1）实训过程中，严禁嬉笑打闹，以防跌倒。

（2）电解液、制动液、冷却液为有毒有害液体，注意防护。

任务评价

评价要素	配分	等级	评分细则	评定等级 A	B	C	D	E	得分
1 维护检查过程（检查项目要求不漏不多，检查过程要求采取的步骤、方法正确，符合本车操作规范）	40	A	步骤、方法正确，检查项目正确，符合规范要求						
		B	步骤、方法正确，检查项目错1项或有不符合规范的操作						
		C	步骤、方法错1～2项，或检查项目错2项						
		D	步骤、方法错2项以上，或检查项目错2项以上						
		E	未答题						
2 检查结果（检查记录表）	60	A	检查结果全部正确						
		B	检查结果错1项						
		C	检查结果错2～3项						
		D	检查结果错3项以上						
		E	未答题						
合计配分	100		合计得分						

想一想

1. 汽车行车后检查的内容有哪些？

2. 汽车出车前有哪些检查内容？其标准是什么？

项目五 车辆日常维护

任务四　汽车三滤的更换

（1）掌握机油的检查方法。
（2）掌握正确的更换机油、机油滤清器的方法。
（3）正确更换空气滤清器与汽油滤清器。

一、安全与环保

1. 安全注意要点
1）车辆停放（图5-39）
待修车辆由专人停放于维修工位。维修技师需确认车辆停放状况，加装车轮挡块，防止车辆意外移动而造成事故。
2）安装车外三件套（图5-40）
安装车辆外部的必要防护，保证车体漆面完好。
3）安装车内三件套（图5-41）
安装车辆内部的必要防护，保证车辆内部清洁。
4）安全操作（图5-42）
注重项目规范操作标准及过程，杜绝操作过程中人身及公私财产的意外损失，保证工作顺利、及时、高效地完成。
5）安全事项
（1）加注乙二醇型冷却液时（图5-43），不能把冷却液洒落在涂漆的车身上，防止腐

图5-39　车辆停放

图5-40　安装车外三件套

图5-41 安装车内三件套

图5-42 注重项目规范操作标准及过程

蚀车身。

（2）乙二醇有毒，加注时不能用嘴吸，也不能洒在皮肤上。如不慎洒上，应马上用清水冲洗干净。

（3）机油里有不同的功能化学添加剂（图5-44），它们对人体和环境是有害的，所以尽量少接触皮肤，更不要随意废弃，需按照规定进行回收处理。

（4）汽油为麻醉性毒物，对皮肤、黏膜有刺激作用。大量吸入蒸汽可引起麻醉症状、兴奋、酒醉样，步态不稳并有恶心、呕吐等。眼睛接触高浓度汽油蒸汽会出现流泪、结膜充血。

图5-43 冷却液

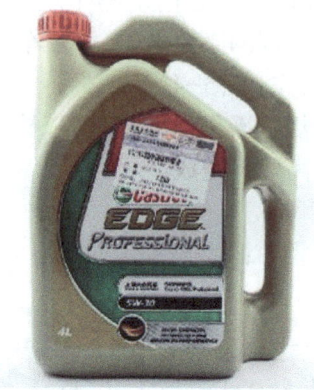

图5-44 汽车机油

（5）汽油极易燃，严禁明火、火花和吸烟，应有防爆设备和无火花工具。着火时可用干粉、泡沫灭火机、石棉毯灭火。

2. 作业环保要点

（1）维护作业中始终保持场地的清洁，发现脏污应及时清理。

（2）维护作业中始终保持工位整洁有序。

（3）维护作业中始终保持维护设备完好，杜绝漏水、漏油、漏气、漏电及滑移等不安全因素的产生。

（4）及时清理废弃物至专用回收装置内。

二、检查机油、更换机油及机油滤清器

1. 机油的检查

（1）打开点火开关，启动发动机并保持怠速运转3～5 min（图5-45）。其间注意观察水温表指示数值的变化，当水温达到60～70℃时，关闭点火开关，停止发动机运转。

提示：①启动发动机时，要提醒汽车周围的人员，注意启动安全。②将发动机预热，提高发动机的温度，使机油黏度变小，有利于发动机内的机油排放彻底。

（2）使用工具拧松发动机装饰罩固定螺栓，取下发动机装饰罩。

（3）用棉纱擦净机油加注盖周围的油渍、尘土等，并旋下机油加注盖（图5-46）。

提示：旋下机油加注盖之前，要清除周围的脏污，防止掉入发动机的内部而加剧磨损。

（4）拔出油尺，用干净的抹布擦净油尺上的机油（图5-47）。

（5）再次插入油尺推到底（图5-48）。

图5-45　发动机预热

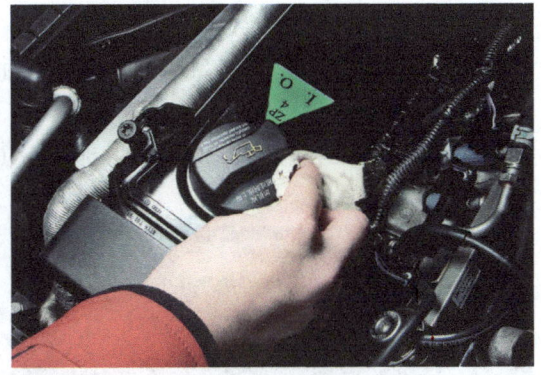

图5-46　清除周围的脏污

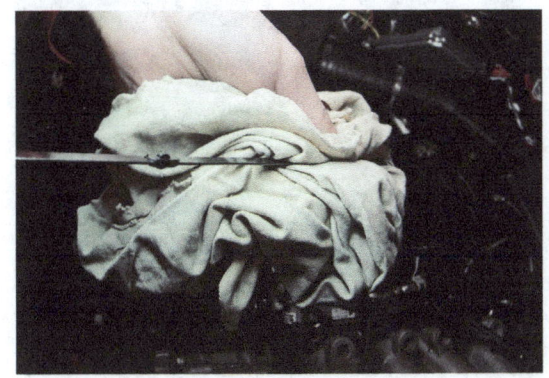

图5-47　擦拭油尺

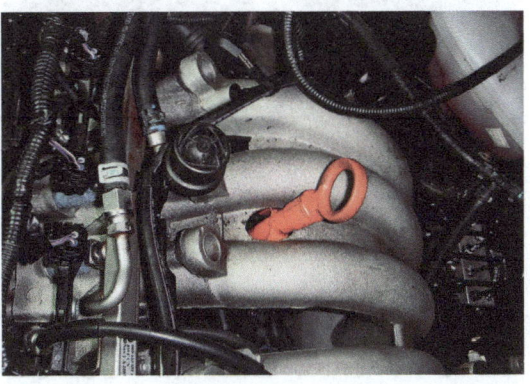

图5-48　放回油尺

（6）重新拔出后读出机油油位，看油位是否在油尺的上限和下限之间（图5-49）。

（7）检查完机油油位后，对机油油质进行检查（图5-50）。①观察其透明度，色泽通透略带杂质说明还可以继续使用；若色泽发黑，闻起来带有酸味，这时就要去更换机油，因为机油已经变质，不再起到保护作用。②检查黏稠度。蘸一点机油在手上，用2根手指检查机油是否还具有黏性。如果手指间没有一点黏性，触感像水一样，则说明机油已达到使用极限，需要更换以确保发动机的正常运作。

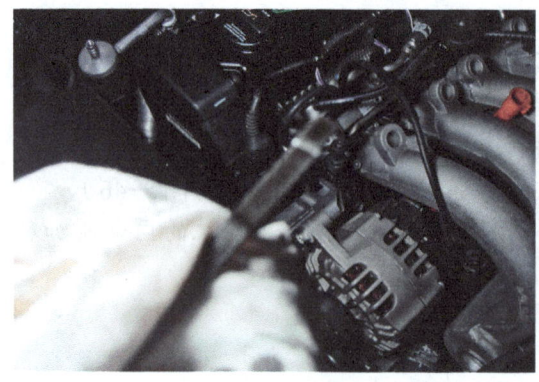

图5-49　查看机油液位

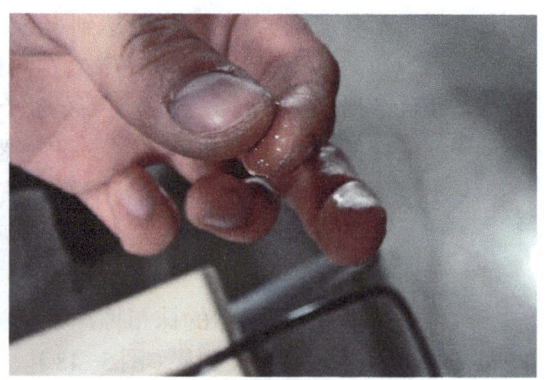

图5-50　检查机油油质（AR）

（8）检查气门罩垫、加油口、曲轴前油封等处是否存在漏油现象（图5-51）。

2.机油的更换

（1）用棉纱擦净机油加注盖周围的油渍、尘土等，并旋下机油加注盖（图5-52）。

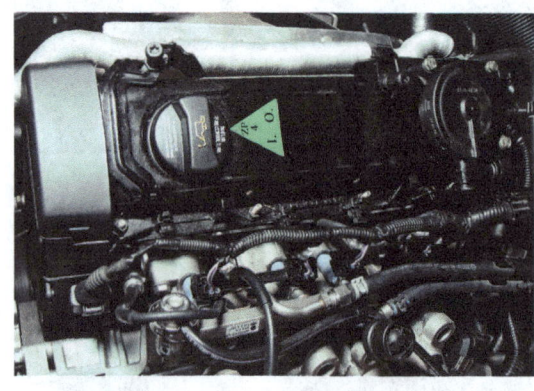

图5-51　查看是否有漏油现象

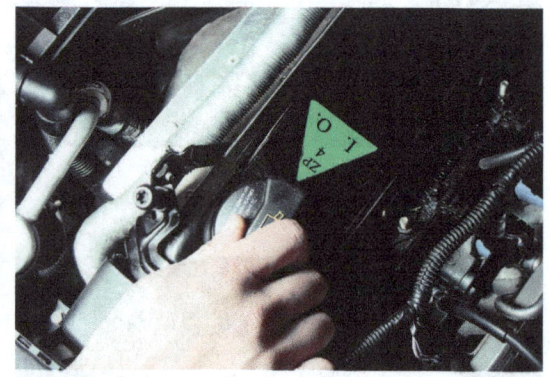

图5-52　旋下机油加注盖

（2）操作举升机将车辆举升到目标高度，可靠停驻。确认车辆可靠停驻后，方可进入车下作业（图5-53）。

提示：①找准车辆支撑点。如使用龙门式举升机，分别调整举升机提升臂的角度和抽拉臂的长度，使托垫对正车辆支撑点。如使用剪式举升机，将举升垫块垫到支撑点下方。②举升前要确保支撑点正确，举升中当车辆离开地面时要检查车辆支撑。

（3）拆卸发动机下护板（图5-54）。

提示：发动机下护板较沉重，拆卸过程中一定要注意安全。车下作业时，应采取人身安全防护措施。如佩戴防护帽、防护手套及穿防护服等。

图5-53　举升汽车

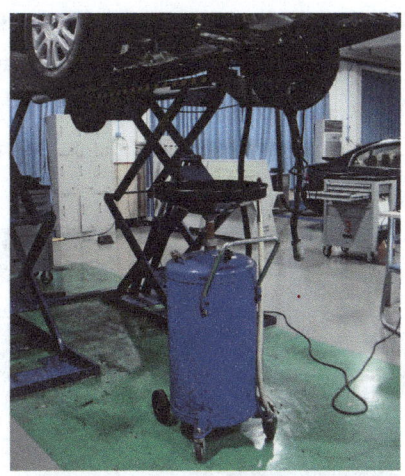

（4）将废机油收集和抽吸装置-V.A.G 1782-置于发动机油底壳放油螺栓的正下方，准备接取废机油（图5-55）。

（5）使用扭矩扳手-V.A.G 1331-和19 mm梅花套筒拧松放油螺栓，然后用手缓缓旋出放油螺栓（图5-56和图5-57），让机油流入废机油收集器内。

提示：旋出时要稍用力向上推放油螺栓，确定螺纹已全部旋出后，急速移开放油螺栓；否则，机油会流到手上或衣服上，造成污染。

（6）检查放油螺栓垫片是否损坏（图5-58），如断裂要更换新垫片。使用棉纱擦净放油螺栓上吸附的金属屑。

图5-54　拆装下护板

图5-55　回收废机油

图5-56　拧松放油螺栓

图5-57　缓慢旋开放油螺栓

137

（7）使用扭矩扳手、接杆、机油滤清器专用套筒（图5-59）拧松机油滤清器，然后用手旋下滤清器并放入废件回收桶中。

提示：用手旋下滤清器后，要垂直下落，不要歪斜，防止滤清器内的机油洒落到身上或地面上。这是因为滤清器内充满机油。

图5-58　检查是否有损坏

图5-59　机油滤清器工具

（8）当油底壳的排油孔不再滴油时，用手旋入放油螺栓。

提示：用手旋入放油螺栓，可以保证对准螺纹（图5-60）。严禁使用工具旋入，因为螺纹一旦歪斜，便会造成损坏，最终导致油底壳的更换。

（9）使用扭矩扳手和19 mm梅花套筒拧紧放油螺栓（图5-61），拧紧力矩30 N·m。

图5-60　正确安装放油螺栓

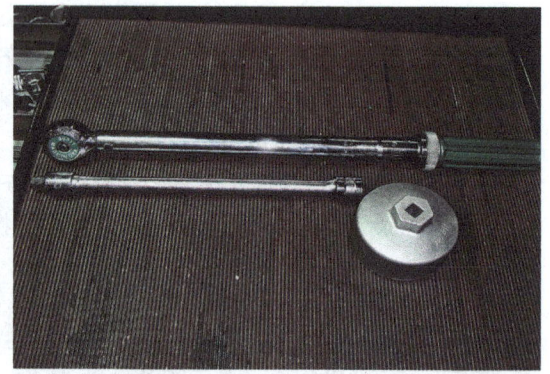

图5-61　拧紧放油螺栓组合工具

（10）在滤清器内加注约为其容量3/4的新鲜机油，在密封圈上均匀涂抹一薄层干净机油（图5-62）。

提示：新滤清器安装之前，加注一定量的新鲜机油，目的是减少发动机启动期间建立润滑系统正常油压的时间，防止出现机件摩擦。滤清器的密封圈上涂抹一层薄薄的干净机油，可以起到辅助密封的作用。

（11）用手竖直举起滤清器，将滤清器旋入其座上并用力拧紧（图5-63），再使用机油滤清器专用套筒、接杆、扭矩扳手转动滤清器3/4圈将其紧固（图5-64）。

提示：滤清器的拧紧力矩不能过大，以免损坏密封垫圈，按规定要求拧紧即可。

（12）用棉纱擦净放油螺栓、油底壳、滤清器及其座上的油迹（图5-65）。

（13）操作举升机，将车辆平稳降落到地面上（图5-66）。

（14）选择车辆规定的机油，旋下机油桶盖，然后一手握住桶上的手柄，一手托住桶的底部，对准发动机的加油口，稍稍倾斜机油桶，缓缓将机油倒入发动机内（图5-67）。

图5-62　涂抹干净机油

图5-63　安装滤清器

图5-64　紧固滤清器

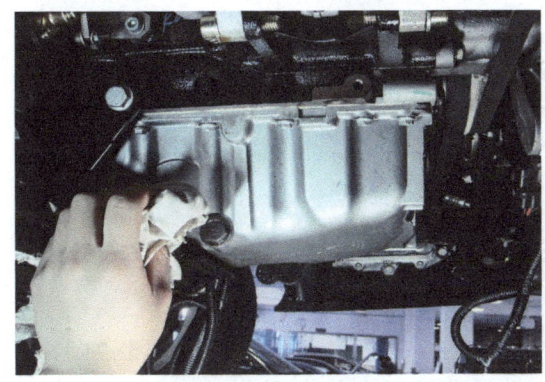

图5-65　清洁油迹

图5-66　平稳升降车

（15）当加注量接近机油桶容量（4 L）的3/4时，停止加注。2～3 min后，拔出油尺（图5-68），擦净刻度处机油，再次插入后拔出并检查油面高度，应位于上下刻度线中间偏上的位置。若油量不足，应进行添加，不允许液面高于上刻度线。加注完毕后旋紧加注盖，启动发动机并保持运转3～5 min，关闭点火开关。

提示：①加注机油后，使发动机运转一段时间，主要目的是填充润滑系统中的储油空间，便于确定油底壳中的实际存油量。②油面高度位于上下刻度线中间偏上的位置为正

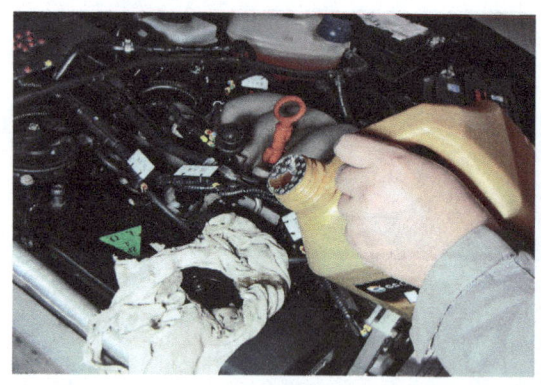

图5-67 加注机油

图5-68 拔出油尺

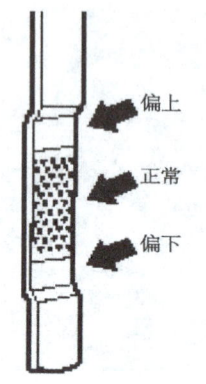

图5-69 检查机油液位

图5-70 举升车辆

常；偏下，则添加适量机油；高于上刻度线，应放出适量机油（图5-69）。

（16）操作举升机将车辆举升到目标高度（图5-70），可靠停驻。检查放油螺栓、机油滤清器等处是否漏油；如有泄漏，立即修复。

（17）操作举升机，将车辆平稳降落到地面上。

三、更换汽油滤清器

（1）拔下燃油泵熔丝（图5-71），发动发动机至熄火，卸除燃油压力，关闭点火开关。

（2）举升车辆，在松开燃油滤清器连接位置前，要彻底清洁部件和周围区域（图5-72）。

（3）将收集容器放在燃油滤清器下方（图5-73）。

（4）松开车辆底部燃油滤清器托架的

图5-71 拔下燃油泵熔丝

紧固螺钉,取下燃油滤清器托架(图5-74)。

(5)将滤清器两头用专用工具(图5-75)夹住油管(图5-76)。

(6)拔下燃油滤清器的油管,要先松开夹箍(注意使用抹布防止管路内剩余的燃油滴落)(图5-77)。

(7)取下燃油滤清器,放入接油机倒出残油,及时废弃至金属回收盒内。

(8)安装上新的燃油滤清器。

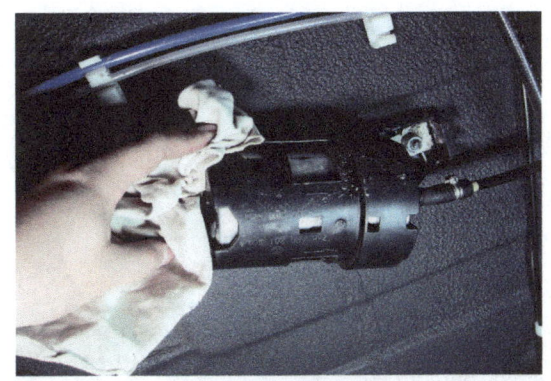

图5-72 清洁部件和周围区域

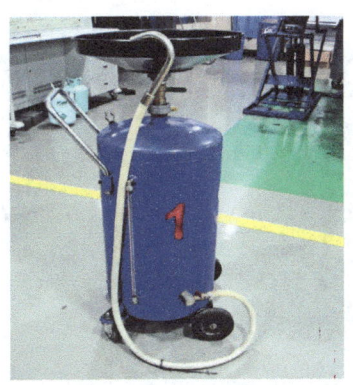

图5-73 收集容器

图5-74 松开紧固螺钉

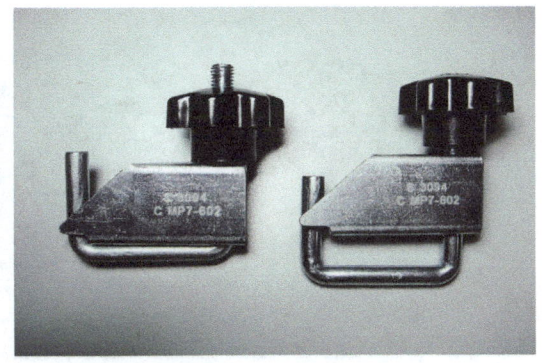

图5-75 专用工具3094

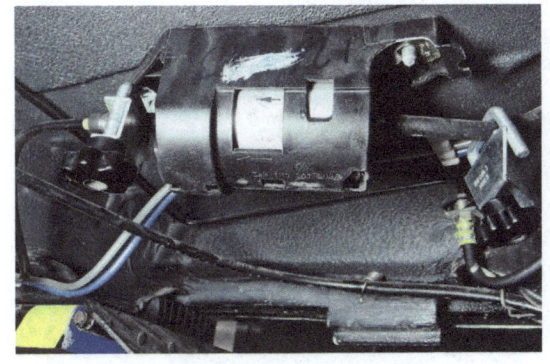

图5-76 安装专用工具3094两端

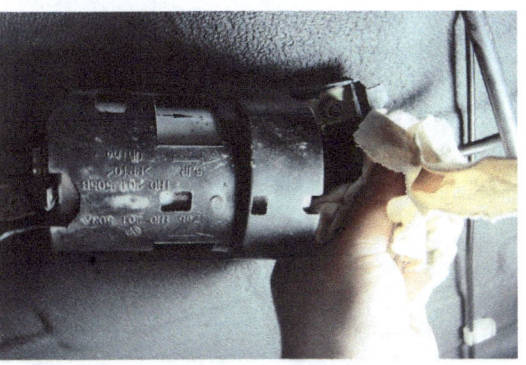

图5-77 松开夹箍

提示：燃油滤清器安装有方向要求，其上的箭头应该指向燃油的方向（图5-78）。

（9）拧紧夹箍（清洁燃油滤清器及周边管路）（图5-79）。

（10）取下滤清器两头用专用工具（图5-80）。

（11）装上燃油滤清器托架，拧紧车辆底部燃油滤清器托架的紧固螺钉（图5-81）。

（12）装上燃油泵熔丝（图5-82）。

（13）启动发动机，检查汽油滤清器，燃油管路应无泄漏痕迹，安装位置应正确可靠（图5-83）。

图5-78　燃油滤清器上的方向箭头

图5-79　拧紧夹箍

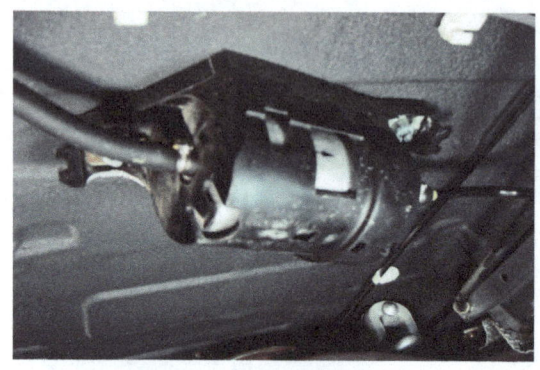

图5-80　取下专用工具3094

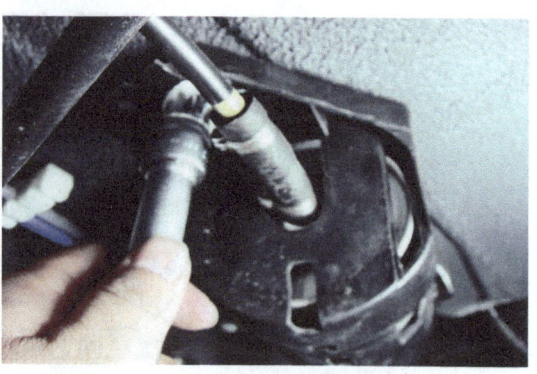

图5-81　拧紧紧固螺钉

图5-82　装上熔丝

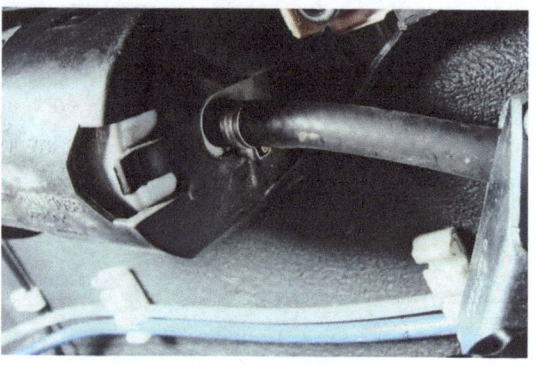

图5-83　安装位置正确可靠，无泄漏痕迹

四、空气滤清器的更换

（1）拆下曲轴箱强制通风接口（图5-84）。
（2）松开固定卡箍（图5-85）。
（3）打开空气滤清器上壳体（图5-86）。
（4）取出旧的空气滤芯。检查空气滤清器，滤清器总成应无损坏、变形（图5-87）。
（5）根据规定里程、时间清洁或更换空气滤清器。

提示：① 每2年或行驶15 000 km后更换滤芯；如行驶环境较为恶劣，可根据实际情况更换。② 使用压缩空气清洁空气滤芯，压缩空气应从空气滤芯背面吹入（图5-88）。

图5-84 拆下接口

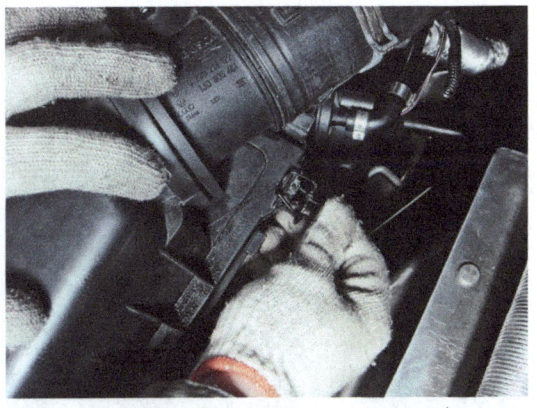

图5-85 松开固定卡箍

图5-86 打开空气滤清器上壳体

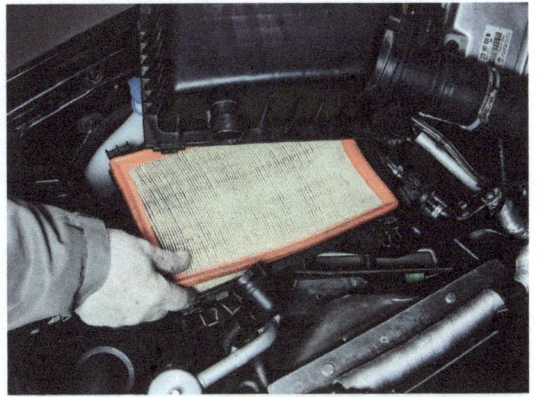

图5-87 检查空气滤清器

（6）清洁空气滤清器箱体内部（图5-89）。
（7）安装空气滤芯（图5-90）。
（8）安装固定卡箍（图5-91）。
（9）安装曲轴箱强制通风接口（图5-92）。

图5-88 清洁空气滤芯

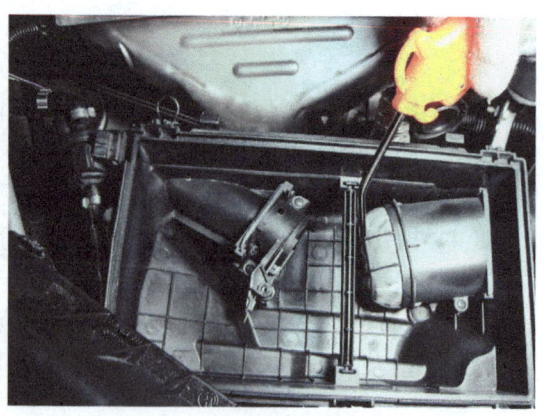

图5-89 清洁空气滤清器箱体内部

图5-90 安装空气滤芯

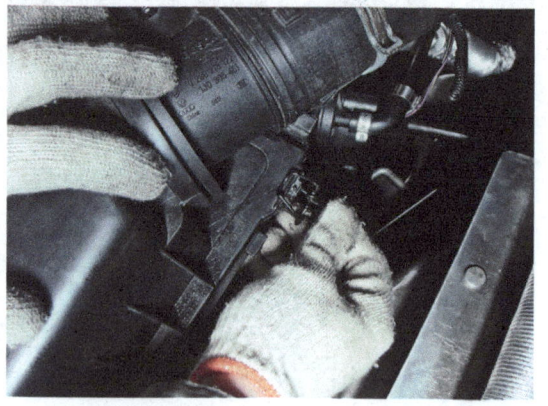

图5-91 安装固定卡箍

五、5S规范

（1）清洁车内部件，移出车内防护套件；拆除车外防护套件（图5-93）。

（2）清理维护工位，整顿工作环境（图5-94）。

图5-92 安装曲轴箱强制通风接口

图5-93 5S规范

图5-94 清理、整顿

 任务实施

发动机机油检查及更换

1. 目的与要求

（1）所有操作要求符合规范,操作应采取正确的步骤、方法。

（2）正确按要求完成发动机机油检查及更换。

（3）操作完毕后,设备工具复位。

2. 器材与设备

（1）轿车一辆。

（2）专用工具若干。

（3）专用发动机油 X L。

3. 注意事项

（1）实训过程中,严禁嬉笑打闹,以防跌倒。

（2）发动机油为有害液体,注意防护。

（3）使用千斤顶时注意安全。

任务评价

评价要素	配分	等级	评分细则	评定等级					得分
				A	B	C	D	E	
1　举升车辆	20	A	举升步骤规范,操作安全,支撑点选择合理						
		B	举升步骤规范,操作安全,汽车有轻微偏斜						

（续表）

评价要素	配分	等级	评分细则	评定等级 A	B	C	D	E	得分
1 举升车辆	20	C	能举升车辆,但不规范						
		D	无法举升车辆						
		E	未答题						
2 更换三滤	60	A	操作步骤、方法正确,滤清器无损伤,不漏油						
		B	操作步骤、方法有1处不规范,滤清器无损伤,不漏油						
		C	能基本完成作业						
		D	不能完成作业						
		E	未答题						
3 安全规范	20	A	操作步骤、方法正确,选用及加注量合适						
		B	操作步骤、方法正确,选用或加注量略有不当						
		C	能基本完成作业						
		D	不能完成作业						
		E	未答题						
合计配分	100		合计得分						

想一想

1. 简述汽车机油正确的检查方法。
2. 简述汽车空气滤清器的更换步骤。
3. 简述更换汽车汽油滤清器的安全事项。

练一练

一、判断题（对的打√，错的打×）

1. 汽车维护制度按"预防为主、强制维护"的原则，定期进行。（　　）
2. 汽车维护是实行按维护间隔和项目及技术要求对汽车进行强制维护。（　　）
3. 汽车维护能够及时发现和排除故障隐患，降低故障率，保证汽车正常使用，但是不能延长汽车的使用寿命。（　　）
4. 汽车维护分为一级维护、二级维护、三级维护。（　　）
5. 二级维护作业由维修企业负责执行。其作业内容除包括一级维护作业外，以检查、调整转向节、转向节臂、制动蹄片、悬架等经过一定时间的使用容易磨损或变形的安全部件为主。（　　）
6. 我国目前没有将汽车产品列入三包范围，车辆的任何缺陷只能通过修理或更换零部件方式解决，不能做退车处理。（　　）
7. 《保养及保修手册》和《用户手册》是汽车制造公司与用户之间就有关产品的质量保证责任、售后服务方面权利与义务设立和终止的约定，但不具有法律效应。（　　）
8. 某车的保修期限为3年或车辆行驶6万km之内。某新车已经行驶了6.5万km，但是距离购车日期才2年3个月，应该还可以保修。（　　）
9. 如果在质量保证期内，由于质量保证范围内的缺陷所造成的车辆修理费用由车主自理。（　　）
10. 当油底壳里的机油变成黑色带臭味时，一般还可继续使用。（　　）
11. 轿车和卡车行驶500 km左右需进行走合中期保养。（　　）
12. 车辆举升之前，只要还有一个驱动轮接触地面，就不能启动发动机并挂挡，否则，将有发生事故的危险。（　　）
13. 检查用电设备功能时，如发现高位制动灯不亮，这时应该做记录并报告给维修顾问。（　　）
14. 蓄电池电眼显示为黄颜色，这时应该更换。（　　）
15. 助力转向系统检查转向液液面时发现不足，加注后，还应该启动发动机，将转向盘往左右打到底再回正后，关机再次检查液面。（　　）
16. 车门铰链和锁扣应该每隔15 000 km检查功能并润滑。（　　）
17. 轮胎表面单侧磨损大多是由于车轮外倾角有问题。（　　）
18. 轮胎的胎压值适用于冷态，对于热态轮胎还要减去升高的胎压。（　　）
19. 关闭发动机后，至少等候5 min，才能准确检查到机油液位。（　　）
20. 发动机机油滤清器用手拧紧即可。（　　）

21. 检查制动软管时,发现其被磨蹭得发亮,不过只要没有磨破漏油,就没关系。( )
22. 摩擦片厚度变薄时,制动油罐的液位也会随之下降。( )
23. 轿车的火花塞一般每30 000 km更换一套。( )
24. 轿车的空气滤清器和空调的灰尘及花粉过滤器一般每15 000 km左右更换滤芯。( )
25. 汽车维修时不要将尖锐的工具如起子、尖嘴钳放到口袋里,以免扎伤自己或划伤车辆。( )
26. 在极疲劳或消沉时不要工作,这种情况会降低注意力,有可能导致对自身或他人的伤害。( )
27. 汽车举升机在工作过程中,只要密切观察周围有没有人靠近就可以了,至于两边是否同步升降则由举升机的同步系统自动完成,无须注意。( )
28. 机油加注量可以多一些,但是不能偏少。( )
29. 太多的机油会影响发动机的性能。( )
30. 机油不足时,在转弯或急制动时可能机油指示灯会闪亮。( )
31. 轮胎压力不足会加大行驶阻力,增加发动机的负荷和燃油消耗量。( )
32. 如果轮胎的胎面花纹出现了早期磨损,会导致雨雪天气行驶时打滑。( )
33. 储存时间过长的轮胎,使用寿命一般会缩短。( )
34. 如果轮胎表面鼓包严重,应该修理或更换。( )
35. 当发现刮雨器刮片摩擦剧烈或有噪声时,应该更换刮雨片。( )
36. 刮雨清洗装置在加注清洗液时,只需加入清水。( )
37. 检查发动机机油液位时,必须在发动机怠速时进行。( )
38. 冷却液添加剂仅需在冬天加注使用。( )
39. 有的发动机机油是汽油机与柴油机可以共用的。( )
40. 制动液一般每24个月或每50 000 km更换一次。( )

二、单项选择题

1. 下列不属于汽车定期维护等级的是( )。
   A. 日常维护　　　B. 一级维护　　　C. 换季维护　　　D. 二级维护
2. 汽车维护作业内容以( )为主。
   A. 清洁、检查　　B. 紧固、调整　　C. 润滑和补给　　D. 以上都是
3. 对于一级维护作业的中心内容,下列说法不正确的是( )。
   A. 进行故障检测　　　　　　　　B. 日常维护作业项目
   C. 以清洁、润滑、坚固为主　　　D. 检查有关制动、操纵等安全部件

4. 下列关于二级维护作业的说法,除了(　　)以外都是正确的。
   A. 以检查、调整转向节、转向节臂、制动蹄片、悬架等经过一定时间的使用容易磨损或变形的安全部件为主
   B. 需要拆检轮胎,进行轮胎换位,检查高速发动机工作状况和排气污染控制装置等
   C. 二级维护前做检测和诊断,确定二级维护附加作业的内容
   D. 包括大修变速器总成
5. 下列关于汽车保修期内,可以得到保修的有(　　)。
   A. 加装中央控制门锁
   B. 前照灯使用过程中损坏
   C. 改装排气管导致发动机动力变差
   D. 改装内饰后,导致电动座椅不工作
6. 在质量保证期间,车主不需要额外付费的项目有(　　)。
   A. 给轮胎充气
   B. 更换机油滤清器、汽油滤清器、空气滤清器和空调滤清器
   C. 更换磨损的制动片
   D. 更换发动机带
7. 在质量保证期间,车主没有使用汽车公司规定品牌的机油,导致发动机出现故障,是否属于保修范围?(　　)
   A. 不属于　　　　　　　　　　B. 属于
   C. 双方协商解决　　　　　　　D. 要看机油有没有质量问题
8. 在质量保证期间,由于车辆出现故障停用所造成的经济损失或附加费用,应(　　)。
   A. 厂家与车主均摊　　　　　　B. 车主自理
   C. 完全由厂家负责　　　　　　D. 无法判断
9. 汽车走合期结束后,不需要进行的作业项目是(　　)。
   A. 检测气缸压力,清除燃烧室内的积炭
   B. 更换火花塞
   C. 清洗润滑油道,更换润滑油及机油滤清器
   D. 检查清除冷却系统的污垢,并更换冷却液等
10. 汽车4S店的服务范围包括(　　)。
    A. 整车销售　　　　　　　　　B. 零配件供应
    C. 售后服务和信息反馈　　　　D. 以上都是
11. 更换发动机机油滤清器,下列不正确的步骤是(　　)。
    A. 使用机油滤清器专用扳手

B. 在新的滤清器橡胶密封件上涂些黄油,使之拧上后产生最佳的密封效果

C. 启动发动机,检查是否有泄漏

D. 添加机油后至少等待 5 min,然后检查机油油位

12. 下列制动管路检查不正确的是(　　)。

　　A. 转向机处于最大转向角时,制动液软管不得与周围零件碰触

　　B. 检查制动软管是否被泥水污染

　　C. 检查制动软管和制动管路是否擦伤

　　D. 检查制动软管的接头和固定夹是否牢靠,是否有泄漏和腐蚀,发现故障必须排除

13. 轿车的火花塞更换间隔一般是(　　)。

　　A. 每 30 000 km　　B. 每 15 000 km　　C. 每 10 000 km　　D. 每 60 000 km

14. 轿车动力转向油使用的最有可能的是(　　)。

　　A. ATF　　B. 机油　　C. 制动液　　D. 防冻液

15. 当动力转向油太少时,不可能会导致(　　)。

　　A. 油泵损坏　　B. 通常会伴随着发出刺耳的声音

　　C. 转向盘会变得非常沉重　　D. 行驶跑偏

16. 补充冷却液时,应该加入(　　)。

　　A. 最好是厂家所规定的同品牌产品　　B. 自来水

　　C. 矿泉水　　D. 蒸馏水

17. 当油底壳里的机油处于(　　)状态时,一般还可以继续使用。

　　A. 发臭,黑色　　B. 乳白色　　C. 变稀　　D. 浑浊

18. 检查自动变速器油时,下列描述正确的是(　　)。

　　A. 关闭所有的用电设备　　B. 启动发动机运转

　　C. 等发动机冷却下来　　D. 关闭空调

19. 当发现油底壳里的机油量增多时,应该(　　)。

　　A. 冷却系统压力测试　　B. 检查动力转向系统

　　C. 检查油箱是否有油　　D. 加入添加剂

20. 发动机的机油量显示在(　　)位置为最佳。

　　A. 最高点和最低点之间的任何位置　　B. 靠近上刻度线

　　C. 靠近下刻度线　　D. 稍微高于上刻度线

21. 发动机机油的级别标号常见有(　　)。

　　A. API 标号　　B. SAE 标号

　　C. API 标号和 SAE 标号　　D. DOT 标号

22. 刮雨片检查的主要内容没有(　　)。

　　A. 磨损情况　　B. 初始位置　　C. 接触角度　　D. 柔韧程度

23. 如果刮雨器刮片摩擦剧烈或有噪声,应该（　　）。
    A. 马上更换刮雨片　　　　　　　　B. 调整刮片的接触角度
    C. 旋松刮雨臂安装螺钉　　　　　　D. 更换刮雨臂
24. 当检查轿车车轮固定螺栓时,操作正确的是（　　）。
    A. 按规定扭矩检查并紧固
    B. 使用气动扳手拧紧即可
    C. 在车轮固定螺栓上抹黄油,以防止生锈
    D. 按照顺时针或者逆时针方向把所有螺栓拧紧
25. 当免维护铅酸蓄电池的"电眼"显示为（　　）时,表明必须更换蓄电池。
    A. 黑色　　　　　　B. 绿色　　　　　　C. 黄色　　　　　　D. 蓝色
26. 当免维护铅酸蓄电池的"电眼"显示（　　）时,表明蓄电池必须充电。
    A. 黑色　　　　　　B. 绿色　　　　　　C. 黄色　　　　　　D. 蓝色
27. 检查液压助力转向系统是否泄漏时,（　　）才能使系统产生最高管内压力。
    A. 启动发动机　　　　　　　　　　B. 关闭所有的附件
    C. 把转向盘打到中间位置　　　　　D. 把转向盘打到最左或最右
28. 下列属于多级机油的标号是（　　）。
    A. SAE20　　　　　B. SAE5W-30　　　C. SAE30　　　　　D. SAE40
29. 制动液一般每隔（　　）更换一次。
    A. 4年　　　　　　　　　　　　　　B. 每24个月或每50 000 km
    C. 8万km　　　　　　　　　　　　　D. 10万km
30. 离合器踏板的自由行程过大,容易导致（　　）。
    A. 离合器结合不平顺　　　　　　　B. 行驶跑偏
    C. 离合器分离不彻底　　　　　　　D. 离合器片过早磨损

三、多项选择题

1. 关于汽车维护制度,下列说法正确的是（　　）。
    A. 汽车维护制度按"预防为主、强制维护"的原则,定期进行
    B. 汽车维护规定按时间间隔或里程进行强制维护
    C. 汽车维护主要是汽车保持清洁,及时发现和排除故障隐患,延长汽车使用寿命,降低故障率,防止汽车早期损坏
    D. 汽车维护能够降低汽车的正常磨损
    E. 汽车日常养护就是汽车保养
2. 汽车维护分为（　　）。
    A. 日常维护　　　　B. 一级维护　　　　C. 换季维护　　　　D. 二级维护
    E. 不定期维护

3. 汽车维护作业内容以（　　）为主。
   A. 更换损坏的零件　　　　　　　　B. 进行车辆性能检测
   C. 清洁、检查、紧固、调整　　　　D. 润滑和补给
   E. 发动机大修

4. 一级维护作业的中心内容是（　　）。
   A. 日常维护作业项目　　　　　　　B. 进行故障诊断
   C. 以清洁、润滑、坚固为主　　　　D. 检查有关制动、操纵等安全部件
   E. 作业内容包括发动机大修

5. 汽车走合期结束后，应该（　　）。
   A. 检测气缸压力，清除燃烧室内的积炭
   B. 清洗变速器、驱动桥、转向器并更换润滑油
   C. 清洗发动机润滑油道，更换机油及机油滤清器
   D. 检查清除冷却系统的污垢，并更换冷却液等
   E. 发动机大修

6. 如果动力转向油太少，可能会导致（　　）。
   A. 油泵干枯、发热，乃至损坏　　　B. 通常会伴随着发出刺耳的声音
   C. 转向盘会变得非常沉重　　　　　D. 行驶跑偏
   E. 车轮打滑

7. 如果冷却液不足，会导致（　　）。
   A. 发动机升温　　　　　　　　　　B. 气缸垫被烧毁
   C. 气缸内拉缸　　　　　　　　　　D. 缸头螺钉松动
   E. 发动机降温

8. 机油处于（　　）状态时，必须更换。
   A. 用手捻，有颗粒感觉　　　　　　B. 乳白色
   C. 变稀　　　　　　　　　　　　　D. 发臭，黑色
   E. 发黑

9. 检查发动机机油时，下列描述正确的是（　　）。
   A. 须将车停在水平面上
   B. 启动发动机运转
   C. 将发动机熄火 5 min 以上，或等发动机冷却后
   D. 打开加机油口
   E. 打开空调

10. （　　）情况下，应该更换轮胎。
    A. 轮胎表面鼓包严重　　　　　　　B. 胎面花纹出现了不均匀的磨损
    C. 胎面花纹低于 1.6 mm　　　　　　D. 磨损指示条显露在花纹表面

E. 轮胎侧面破损

11. 汽车维修车间内的危险废弃物有（　　）。
   A. 机油、汽油、柴油、溶剂
   B. 变速器油、变速驱动桥油、差速器油
   C. 发动机冷却液、空调制冷剂、蓄电池及稀硫酸、涂料、制动液
   D. 含石棉摩擦材料、各种清洗剂
   E. 产品包装材料

12. 轿车轮胎的标准充气压力参数一般在（　　）地方可以看到。
   A. 手套箱内　　　　　　　　　B. 在燃油箱盖内侧
   C. 在车门立柱上　　　　　　　D. 轮胎上
   E. 驾驶员座椅下

13. 检查轿车车轮固定螺栓时,应该（　　）。
   A. 按规定扭矩检查并紧固
   B. 使用气动扳手拧紧即可
   C. 按对角交错方式拧紧轮胎固定螺栓
   D. 按照顺时针或者逆时针方向把所有螺栓拧紧
   E. 每个螺栓的拧紧力矩是不一样的

14. 在对轿车保养操作时,车身底部需要检查的项目有（　　）。
   A. 燃油管、制动液管是否损坏
   B. 底部保护层是否损坏
   C. 排气管是否泄漏,固定是否牢固
   D. 氧传感器是否损坏
   E. 冷却液是否减少

15. 关于制动系统检查的内容,下列说法正确的有（　　）。
   A. 不得扭转制动管路
   B. 转向机处于最大转向角时,制动液软管不得与周围零件碰触
   C. 检查制动软管和管路是否老化和擦伤
   D. 检查制动软管的接头和固定夹是否牢靠,是否泄漏和腐蚀
   E. 要拆下制动管检查

16. 发动机机油的性能等级标号有（　　）。
   A. API　　　　　B. OBD-Ⅱ　　　　　C. SAE　　　　　D. EFI
   E. OBD-Ⅰ

17. 关于机油需要检查和更换的原因,下列描述正确的有（　　）。
   A. 机油在正常情况下,也会一点点被消耗掉
   B. 机油去除了发动机中的污垢,会逐渐变脏、变黑

C. 品质变差的机油会导致发动机性能降低
D. 变质的机油容易导致三元催化器损坏
E. 任何品牌的机油都可使用

18. 关于制动液的使用要求，正确的有（　　　）。
    A. 不得与机油、汽油、清洁剂混合
    B. 制动液有毒，具有腐蚀性，不得与油漆接触
    C. 制动液有吸湿性，必须密闭保存
    D. 抽出（用过）的制动液不得再次使用
    E. 制动液可随意混合使用

19. 如果火花塞不更换，会导致（　　　）。
    A. 燃油的经济性下降　　　　B. 发动机抱轴
    C. 发动机的动力性下降　　　D. 废气排放增加
    E. 发动机拉缸

20. 不及时更换变质的自动变速器油，会导致（　　　）。
    A. 换挡冲击加大　　　　　　B. 工作噪声加大
    C. 不换挡　　　　　　　　　D. 内部磨损加大
    E. 车速变慢

项目六 车辆的日常安全检查与调整排故

项目概述

为了正确使用发动机并了解其主要部分的工作情况，及时发现和排除可能出现的故障，汽车上装有各种检查、测量仪表（图6-1）。这些仪表结构简单、工作可靠、耐震、抗冲击性好，仪表的示数必须准确。随着微机和传感器等电子技术的蓬勃发展，汽车仪表与显示装置已进入电子化时代。近年来，在世界范围内已经有多种汽车装配了具有电子显示器件的电子仪表盘，国内也有很多车辆采用了电子式组合仪表。

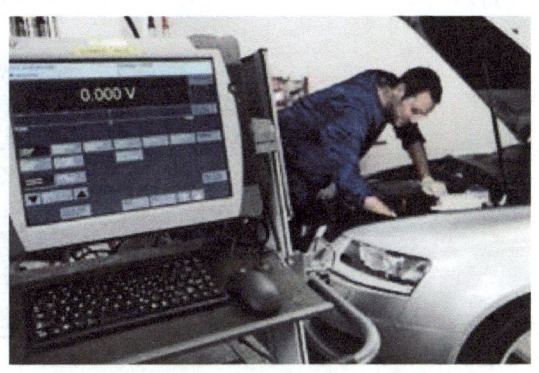

图6-1 汽车故障检修

任务一 汽车仪表和警告灯的识读

学习目标

（1）掌握各个仪表和指示灯正常显示所指示的汽车运行状况。
（2）掌握各个仪表和指示灯不正常显示可能相应对车辆和行车安全造成的损害。

（3）了解常见仪表和各个指示灯名称、作用。

（4）了解仪表和指示灯不正常显示的状态，并能够对车辆采取正确的操作和排除简单的故障。

 任务导入

在驾驶汽车过程中，仪表板上的ABS警告灯突然闪亮，此时该如何正确操作汽车和排除相关的简单故障？

 知识准备

汽车组合仪表由各类仪表、指示灯和警告灯组成，为驾驶员提供所需的汽车运行参数信息；提醒驾驶员采取必要的措施消除指示灯提示存在的问题，合理、安全使用汽车。

汽车仪表主要包括转速表、车速表、里程表和温度表等。指示灯主要包括故障指示灯、前雾灯指示灯、远光灯指示灯、后雾灯指示灯、转向信号指示灯、挡位指示灯、巡航系统指示灯等。警告灯主要包括制动系统警告灯、ABS（防抱死制动系统）警告灯、机油压力警告灯、低燃油量警告灯、充电系统警告灯和开门警告灯等。如图6-2所示。

图6-2 汽车组合仪表（AR）

1—转速表；2—车速表；3—温度表；4—燃油表；5—转向信号指示灯/危险警告灯；6—ABS（防抱死制动系统）警告灯；7—保持模式指示灯；8—开门警告灯；9—安全带未系警告灯；10—充电指示灯；11—制动系统警告灯；12—里程表；13—挡位指示灯（如装备）；14—里程表模式选择键；15—低燃油量警告灯；16—故障指示灯；17—机油压力警告灯；18—安全气囊警告灯；19—前雾灯指示灯；20—远光灯指示灯；21—后雾灯指示灯；22—巡航系统指示灯（如装备）；23—行李箱盖未关闭警告灯

一、常见仪表

1. 电流表

电流表（图6-3）串接在充电电路中，用来指示蓄电池充电或放电的电流值。发电机向蓄电池充电时为"+"，蓄电池向用电设备放电时为"-"。

2. 机油压力表

机油压力表指示发动机机油压力的大小和发动机润滑系工作是否正常。它由仪表板

上的油压指示表和装在发动机主油道中或粗滤器上的传感器组成,如图6-4所示。

3. 温度表

温度表(图6-5)用来显示发动机冷却液温度。当指针指向C(cool)位置时,表示发动机冷却液温度低;指针指向H(hot)位置时,表示发动机冷却液温度高。如果指针指向红色刻度区域,则表明发动机已进入过热状态,应停止继续驾驶车辆。

图6-3　电流表

图6-4　机油压力表

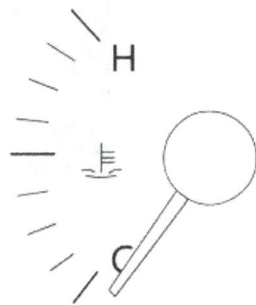

图6-5　温度表

4. 燃油表

燃油表(图6-6)用来显示燃油箱中燃油的存量,字母E(empty)表示燃油箱中的燃油已耗尽,字母F(full)表示燃油箱中燃油已加满。当汽车在制动、加速或转弯时,燃油箱中燃油变动致使燃油表的指针移动。现在轿车燃油箱的容量一般为60 L。

5. 里程表

里程表(图6-7)用来指示汽车行驶速度和累计行驶里程。

6. 转速表

汽油机用的电子式转速表,传感器信号取自点火系统初级电流的脉冲电压。

转速表(图6-8)显示的是发动机每分钟的转数(r/min)。为了提高发动机的燃油效率,发动机的转速应保持在2 000～3 000 r/min。如果发动机转速过高,致使转速表指针指在红色刻度区域,可能导致发动机损坏。

图6-6　燃油表

图6-7　里程表

图6-8　转速表

二、常见指示灯与警告灯（图6-9）

图6-9　常见指示灯与警告灯（AR）

三、常见指示灯与警告灯含义（表6-1）

1. 低燃油量警告灯

当燃油存量只剩大约10 L时，警告灯亮起，同时警告音响起提示应该加油了。

2. 冷却液温度/液位警告灯

接通点火开关时，冷却液温度/液位警告灯会亮几秒并进行功能检查。在行驶中如果这个警告灯常亮或闪烁，同时警告音响起，可能是冷却液温度过高或冷却液液面过低。

注意：该警告灯亮时应立即关闭发动机，检查冷却液液面，必要时补充冷却液。

警告：当看见蒸气或冷却液从发动机舱溢出时，绝不能立刻打开发动机舱盖，存在烫伤危险！一直等到蒸气或冷却液不再从发动机舱溢出来才能打开发动机舱盖。

为了防止被高温的冷却液烫伤，在打开冷却液补偿容器时要特别小心，当发动机处于热机状态，冷却系统内有高压，因此在松开之前，要充分冷却发动机。同时，为了保护面部、手和胳膊，应该在打开时用一块大的厚布盖在冷却液补偿容器的盖子上，以防止被蒸气或热的液体烫伤。

不要让冷却液落到热的排气管或其他热的发动机零件上。

不要接触散热器风扇，因为即使在熄火的情况下，风扇也可能突然转动。

表6-1　常见指示灯与警告灯含义

图示	名称
	巡航系统指示灯
	灯泡故障指示灯
	后雾灯

（续表）

图　示	名　　称
EPC	发动机控制系统指示灯
	冷却液温度/液位警告灯
	转向信号指示灯
	车门未关闭警告灯
	行李箱盖未关闭警告灯
	低燃油量警告灯
	牵引力控制系统/电子稳定系统指示灯
	防抱死制动系统（ABS）警告灯
	轮胎气压监测系统警告灯
	制动系统警告灯
	换挡杆锁止指示灯
	远光灯指示灯
	机油压力警告灯
	充电指示灯
	电子防盗装置指示灯
	尾气排放控制系统指示灯
	安全气囊警告灯
	安全带未系警告灯

3. 机油压力警告灯

接通点火开关时,机油压力警告灯会亮几秒。如果在此之后警告灯不熄灭或在行驶过程中亮起或闪烁,并伴有警告音响时,应立即停车并关闭发动机,检查机油油位,必要时添加机油。

4. 安全气囊警告灯

安全气囊警告灯用于监测安全气囊系统。点火开关接通后,警告灯会点亮6 s。如果警告灯在点火开关接通后不亮,或点亮后不熄灭,或在行驶过程中亮起或闪烁,说明安全气囊系统存在故障,应立刻到维修站进行检修。

5. 制动系统警告灯

制动系统警告灯会在接通点火开关后亮起几秒,启动发动机后必须熄灭。警告灯在下列情况下点亮:拉起驻车制动杆时点亮;制动液面过低时点亮。若行驶过程中该警告灯亮起,应尽快至维修站检查并排除故障。

6. 充电指示灯

充电指示灯会在接通点火开关后点亮,发动机启动后熄灭。如该灯在行驶过程中亮起,则说明发电机不发电或发电机输出电压低于蓄电池电压。整车电器由蓄电池供电,因此应立即前往维修站进行检修。由于车载蓄电池始终处于一个持续放电的过程,因此在上述情况下应关闭所有不必要的用电设备。

7. 防抱死制动系统警告灯

防抱死制动系统警告灯用于监控ABS或EBD系统。在接通点火开关或启动发动机时该警告灯点亮几秒。自检查结束后,ABS警告灯熄灭。

8. 后风窗加热指示灯

点火开关接通时,打开后风窗加热开关,此指示灯会亮起。接通后约20 min热装置会自动关闭,通过再次按下该开关也可使加热装置提前关闭。

9. 安全带未系警告灯

若没有系安全带,在点火开关接通后,安全带未系警告灯将点亮,同时伴有6声警告音,提醒系好安全带。当在未系安全带的状态下车辆以超过25 km/h的速度行驶时,除了警告灯常亮外,警告音将持续响起(最长持续90 s左右)。安全带系好后,该警告灯熄灭,警告音也将停止。

10. 行李箱盖未关闭警告灯

行李箱盖未关闭警告灯亮起表示行李箱盖处于未关闭状态。当行李箱盖完全关闭时,警告灯必须熄灭。如在点火开关关闭后开启行李箱盖,除警告灯亮起外,警告音响起,提醒及时关闭行李箱盖。行驶过程中,若该灯点亮,必须立刻停车检查行李箱盖是否闭锁。

11. 电子防盗装置指示灯

点火开关接通时,钥匙与控制单元之间会执行一次数据交换,电子防盗装置指示灯会亮起几秒。钥匙防盗匹配完成且确认防盗系统没有故障后,该指示灯熄灭。如果使用未经授权的车钥匙(例如不正确的钥匙),则指示灯会持续亮起。

12. 远光灯指示灯

在开启远光灯或通过远光灯闪烁发出警告信号时远光灯指示灯点亮。

13. 电子节气门控制指示灯

接通点火开关时,电子节气门控制指示灯会点亮。如果启动发动机后,该指示灯不熄灭,或者在行驶过程中亮起,则表明发动机控制装置存在故障,应小心驾驶至最近的维修站进行检修。

14. 转向信号指示灯

操作转向灯开关后,左侧或右侧的指示灯会闪烁。如果某个转向灯出现故障,指示灯的闪烁频率会加快。按下报警指示灯开关,所有转向灯及组合仪表上左/右转向指示灯闪烁。

15. 尾气排放控制系统指示灯

接通点火开关,尾气排放控制系统指示灯会点亮,启动发动机后该指示灯熄灭。如果启动发动机后该指示灯不熄灭,或在行驶过程中亮起或闪烁,则说明排放控制系统中可能存在不稳定运行和尾气质量超标的情况。

识读汽车仪表指示、警告灯

汽车仪表上的各种警告灯有着各自不同的含义,可以反映汽车的工作运行状况,因此必须了解各警告灯的含义和作用并对相应指示灯进行检修。

一、目的与要求

(1) 所有操作要求符合规范,操作应采取正确的步骤、方法。
(2) 正确说出对应警告灯的含义。
(3) 根据相应指示灯检查并添加油液。
(4) 操作完毕后车辆复位。

二、器材与设备

(1) 朗逸整车。
(2) 诊断仪 VAS5052A。
(3) 诊断仪蓝牙接口 VAS5054。

三、操作流程

1. 观察、记录仪表指示灯情况

(1) 打开点火开关,检查仪表系统指示灯,记录相应指示灯并写出含义,如图6-10所示。
(2) 启动车辆,检查仪表系统指示灯,记录相应指示灯变化并写出含义,如图6-11所示。

图6-10 点火开关打开后仪表指示灯状态

图6-11 启动车辆后仪表指示灯状态

图6-12 VAS5054连接位置

2. 诊断仪读取相应故障指示灯含义

（1）关闭点火开关，连接诊断仪蓝牙接口VAS5054，如图6-12所示。

（2）打开点火开关，打开诊断仪VAS5052A，选择车辆自诊断，如图6-13所示。

（3）选择车载诊断（OBD），如图6-14所示。

（4）选择指示灯相关车辆系统，如"发动机电子设备"，如图6-15所示。

（5）选择故障代码存储器内容，如图6-16所示。

（6）选择检查故障代码存储器，如图6-17所示。

（7）读取并记录相应指示灯的故障代码含义，如图6-18所示。

图6-13 车辆自诊断

项目六 车辆的日常安全检查与调整排故

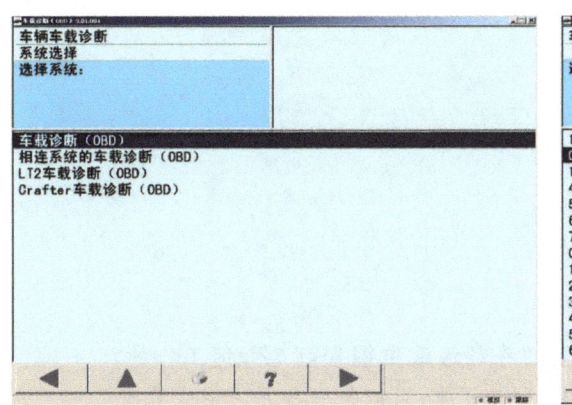

图6-14 车载诊断（OBD）　　　　图6-15 发动机电子设备

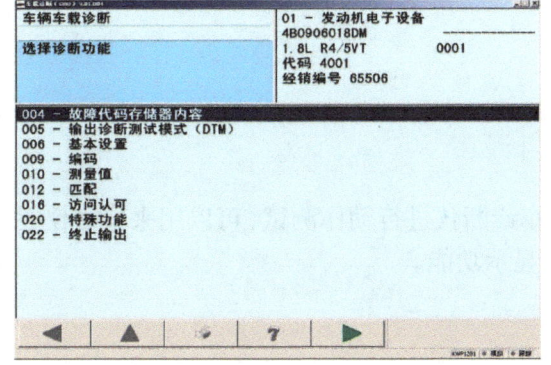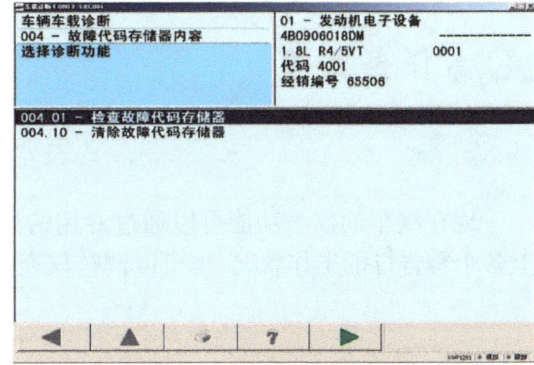

图6-16 故障代码存储器内容　　　图6-17 检查故障代码存储器

3. 诊断仪清除故障码

（1）选择清除故障代码存储器，如图6-19所示。

（2）确认故障代码清除。

4. 检查相关仪表指示灯

（1）再次启动车辆，检查仪表系统相应故障指示灯是否熄灭。

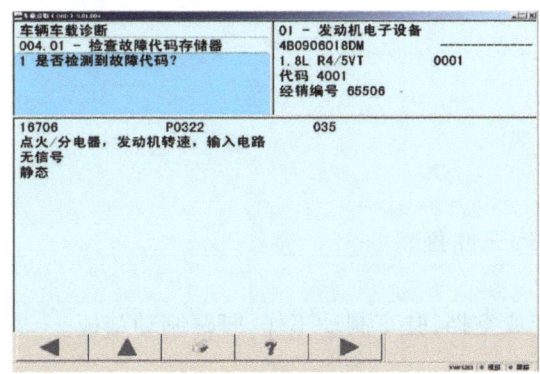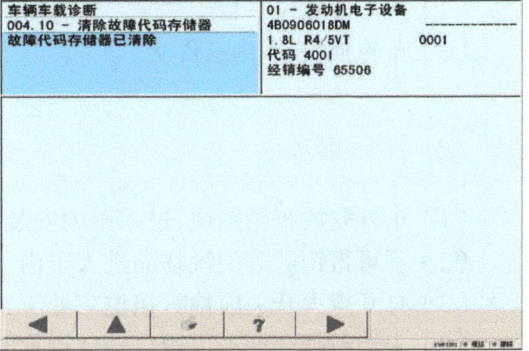

图6-18 故障代码　　　　　　　图6-19 清除故障代码

（2）关闭诊断仪VAS5052A。

（3）关闭点火开关。

（4）取下诊断仪蓝牙接口VAS5054。

1. 汽车冷却液液位过低时，仪表盘上的冷却液液位警告灯是如何工作的？
2. 制动片警告灯点亮，但检查制动片厚度却正常，可能是哪些原因造成的？

仪表盘自诊断

现在汽车的仪表功能可以通过专用的汽车诊断仪进行动作测试，可以用来检查仪表上各个警告灯的工作状况，也可以调整仪表的显示功能。

一、目的与要求

（1）所有操作要求符合规范，操作应采取正确的步骤、方法。

（2）正确使用汽车诊断仪。

（3）操作完毕后车辆复位。

二、器材与设备

（1）轿车一辆。

（2）汽车诊断仪一台。

（3）车轮挡块，车内三件套。

三、注意事项

（1）车外安放车轮挡块，进入车内安装车内三件套。

（2）不可带钥匙等尖锐物品进入车内。

（3）打开点火开关前检查挡位应处于P挡或空挡，驻车制动工作，脚踩制动踏板。

（4）未经教师允许不可擅自转动点火开关。

（5）插拔诊断仪时，必须关闭点火开关。

四、操作流程

（1）安放车轮挡块，安装车内三件套。
（2）检查挡位及驻车制动位置。
（3）正确连接汽车诊断仪。
（4）进行仪表板动作测试，记录仪表各项功能是否正常。
（5）5S规范检查。

任务评价

序号	考核内容	配分	评分标准	评分记录	扣 分	得 分
1	能正确完成操作前准备工作	25	每少做一项扣5分 表述不准确扣3分			
2	能正确连接汽车诊断仪	25	每少做一项扣5分 动作不规范扣3分			
3	能按要求完成仪表的动作测试	25	每少做一项扣5分 动作不规范扣3分			
4	能按要求对车内部进行清洁	25	每少做一项扣5分 动作不规范扣3分			
	合计配分	100	最终得分			

想一想

仪表盘自诊断是否可以帮助检测汽车的简单故障？

 汽车灯光、信号的检查维护

学习目标

（1）了解汽车灯光照明装置的组成、类型和作用。
（2）了解信号与标志灯的组成、类型和作用。

（3）识别各灯光和信号装置。
（4）掌握各灯光和信号装置的检查维护方法。

 任务导入

某天晚上近8点，某轿车载着4人在漆黑的高速路上正以100 km/h的速度行驶，当把前照灯从近光变换到远光时，突然发现正前方有一辆大卡车在慢速行驶，车内人员都不约而同发出惊叫，此时驾驶员急忙减速、转向，躲避开了。由于在此紧急情况采取了正确的措施，才避免了一次恶性交通事故的发生。为什么车内人员事先没有发现正前方这辆大卡车呢？因为当时没有看到前方有任何灯光（图6-20）。这种现象正常吗？仔细分析该情景，深刻认识灯光和信号装置对确保夜间行车安全的至关重要作用。

图6-20　夜间行车不开车灯危险

 知识准备

一、汽车照明

1. 前组合灯

（1）汽车前面的灯（除雾灯外），称为前组合灯。包括近光灯、远光灯、示廓灯、转向灯，如图6-21所示。

汽车的大灯开关有两级，第一级是开启前后示廓灯（俗称小灯），第二级是开启近光灯（俗称大灯），向外拉开启前后雾灯，如图6-22所示。

拨动转向盘左下方的塑料杆，可以把近光灯改为远光灯。向左拨动时左转向灯闪烁，向右拨动为右转向灯闪烁，如图6-23所示。

（2）组合前照灯的作用。

① 照亮道路，以便驾驶员能看清道路交通状况，并能及时辨认障碍物。

② 使迎面车流能识别和注意来车。

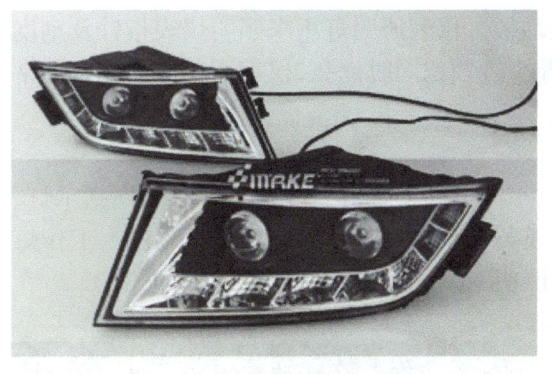

图6-21 前组合灯

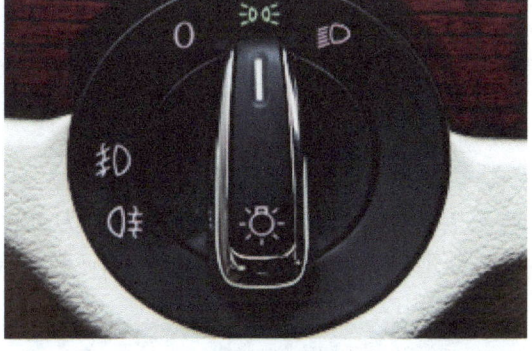

图6-22 汽车大灯开关

③向迎面车辆发送信号,引起对方注意。

2. 后组合灯

(1)汽车后组合灯包括小灯、制动灯、倒车灯、转向灯。汽车后部的灯由汽车后组合灯、高位制动灯及牌照灯组成,如图6-24所示。

(2)后组合灯的作用。

①根据气候条件打开,并指示车辆的位置。

②指明车辆怎样运动以及此时的方向。

图6-23 转向和变光开关

图6-24 后组合灯

3. 车内照明灯

汽车内部灯具,常见的有顶灯、阅读灯、行李箱灯、门控灯、踏步灯、仪表照明灯、工作灯、仪表板警告指示灯等(图6-25)。车内顶棚一般设顶灯,除用作车内照明外,还作为监视车门是否可靠关闭的门控灯。当打开门控灯开关后,只要还有车门未可靠关到位,门控灯就发亮。阅读灯则装于乘员席前部或顶部,开灯时乘员看书不会给驾驶员产生眩目现象,照明范围较小,有的还有光轴方向调节机构。行李箱灯装于轿车或客车行李箱内,当开启行李箱盖时,灯自动发亮,照亮行李箱内空间。门灯则是装于轿车外张式车门内侧底部,开启车门时,门灯发亮,以告示后来行人、车辆注意避让。踏步灯是装在大中型客车乘员门内的台阶上,夜间开启乘员门时,照亮踏板。仪表照明灯用来照明仪表指针及刻度板,一般与示廓灯、后位灯和牌照灯并联,打开小灯挡位同时点亮,仪表照明灯的亮度通常可调节。

4. 仪表警告及指示灯

警告及指示灯常见的有机油压力警告灯、水温过高警告灯、充电指示灯、转向指示灯、远光指示灯等(图6-26)。警告灯多为红色或黄色,指示灯一般为绿色或蓝色。工作灯是车辆维修时可以移动使用的一种随车低压照明工具,电源来自发电机或蓄电池。

图6-25 车内照明

图6-26 仪表指示

二、信号与标志灯

信号与标志灯围绕着法规的要求而发展,主要作用是显示车辆的存在、宽度、工作状态以及辅助照明等。它包括转向灯、制动灯、示廓灯、后雾灯、反光罩等。对于色度的要求,我国法规和欧洲法规有相同的要求:前雾灯为黄色或白色,目前大多为白色;后位灯、制动灯和后雾灯为红色;转向灯为黄色;倒车灯为白色。在美国,允许转向灯使用红色光(图6-27)。

图6-27 信号与标志灯

三、汽车灯光与信号装置的检查维护

直观检查整个照明装置(图6-28),包括转向指示灯、闪光警告装置和车内照明装置,应清洁、稳固、齐全、有效。检查并调节前照灯调节装置。

更换灯泡时必须注意,手指不得直接接触灯泡玻璃壳。即使灯泡上油脂附着非常少,也可能在灯泡处于高温状态时侵蚀灯泡玻璃并造成其损坏。灯泡内部有一定压力,更换灯泡时可能会爆裂。因此,更换灯泡时应佩戴防护手套和防护眼镜。

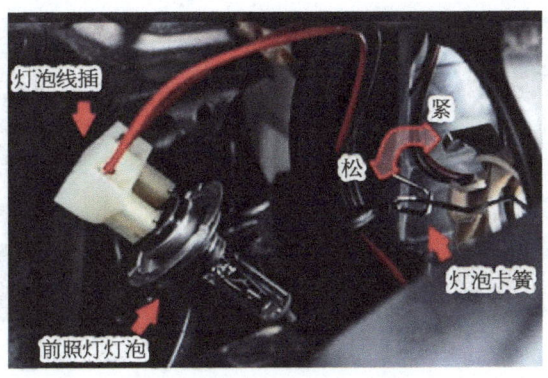

图6-28 前照灯灯泡安装位置检查

汽车灯光的检查

一、目的与要求

（1）所有操作要求符合规范，操作应采取正确的步骤、方法。
（2）了解汽车灯光系统的组成和作用。
（3）掌握汽车灯光系统的操作方法。
（4）操作完毕后车辆复位。

二、器材与设备

（1）朗逸轿车一辆。
（2）车轮挡块，车内三件套。

三、注意事项

（1）车外安放车轮挡块，进入车内安装车内三件套。
（2）不可带钥匙等尖锐物品进入车内。
（3）打开点火开关前检查挡位应处于P挡或空挡，驻车制动工作，脚踩制动踏板。
（4）未经教师允许不可擅自转动点火开关。

四、操作流程

1. 组合大灯检查（图6-29）
（1）外观检查。

朗逸前组合大灯　　　　　　　灯光开关　　　　　　　朗逸后组合灯具

图6-29　组合大灯检查（AR）

① 检查两侧大灯新旧程度是否一致。
② 检查两侧组合大灯外壳有无划痕、污染、破损等现象。
③ 检查两侧反光镜有无老化、脱落等现象。
④ 检查两侧大灯内部是否有进水现象。
⑤ 灯光操作开关有无卡滞现象，背景小灯是否工作正常。
（2）装配检查。
① 检查两侧大灯安装是否牢固可靠、到位。
② 灯位缝隙是否均匀、左右对称。
③ 灯泡、插接器、橡胶密封件安装是否牢固可靠。
（3）工作检查。操纵灯光开关，检查是否正常工作。
（4）调整检查。利用灯光检测仪，检查两侧前照灯发光强度、光束照射方向是否一致。

2. 近光灯检查

（1）将灯光开关旋转至图6-30所示位置，检查近光灯工作情况。
（2）利用机动车前照灯灯光检查仪检查两侧大灯发光强度、光束照射方向。

  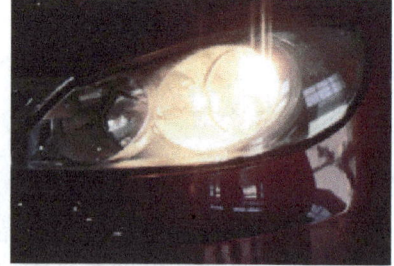

朗逸前组合大灯　　　　　大灯远、近光开关　　　　　近光灯工作状态

图6-30　近光灯检查

3. 远光灯检查

在灯光旋钮旋转至图6-31（远近光选择位置）位置的基础上，将组合开关拨杆向下压，打开远光灯，此时检查远光灯是否正常工作，同时在组合仪表上点亮远光灯指示灯。将组合开关拨杆向上抬时，打开超车灯（远光灯），此时检查超车灯是否被点亮，同时在组

朗逸前组合大灯

灯光操纵开关

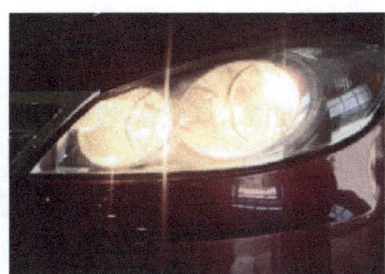
远光灯工作状态

图6-31　远光灯检查

合仪表上点亮远光灯指示灯。

4. 小灯检查

将开关旋转至图6-32位置，检查操纵开关背景灯是否工作，检查小灯、牌照灯是否工作。

朗逸前组合大灯

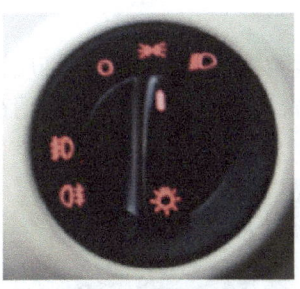
灯光开关——小灯位置

小灯工作状态

图6-32　小灯检查

5. 转向灯检查

将灯光开关向右上方拨，如图6-33位置，检查右转向灯（右前转向灯、右外后视镜转向灯、右后转向灯，如图中所示绿色转向箭头）应该同时周期性闪烁，频率为90～120次/min。如果发现一侧的灯光快速闪烁，表明相应侧转向系统发生短路或者断路现象。当转向盘回正时，转向开关能够自动回正。

朗逸后组合灯具

转向指示灯

右转向工作状态

右外后视镜转向工作状态

图6-33　转向灯的检查

6. 危险警告灯检查

将位于图6-34左图中间的红色三角形危险警告灯开关按下去,如图6-34右图所示,此时转向指示灯全部闪烁。

危险警告开关　　　　　　　危险警告灯工作状态

图6-34　危险警告灯检查

7. 倒车灯检查

踩住制动踏板,将换挡杆拨至"R"挡,白色倒车灯应该点亮;在综合仪表显示区域显示挡位位置信号;装有倒车雷达的有倒车报警信号,如图6-35所示。

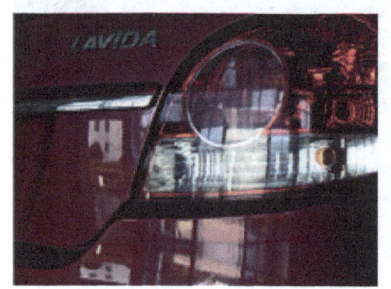  

后组合灯具倒车灯　　　　倒挡工作状态指示　　　　倒车灯工作状态

图6-35　倒车灯检查

8. 制动灯检查

踩住制动踏板,在行李箱两侧红色制动灯应该点亮;同时中央高位制动灯也一起点亮,如图6-36所示。

9. 后雾灯、牌照灯检查

将灯光旋转至小灯位置,将灯光开关往外拉出,后雾灯打开,检查后雾灯是否工作,如图6-37所示。

10. 车内灯检查

(1)旋转相应的灯光开关,检查工作情况,如图6-38所示。

(2)选择至门控位置:关闭所有车门,顶灯全部灭;打开某一车门,顶灯则点亮工作,如图6-39所示。

项目六 车辆的日常安全检查与调整排故

 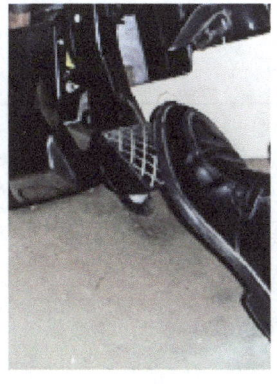 

后组合灯具制动灯　　　　　　　　制动踏板　　　　　　　　制动灯工作状态

图6-36　制动灯检查

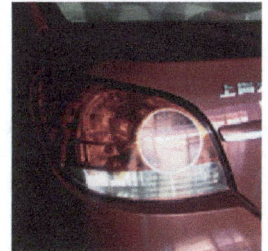   

后组合灯与制动灯　　　　灯光开关　　　　仪表指示灯　　　　制动灯工作状态

图6-37　后雾灯、牌照灯检查

前排顶灯、天窗及控制开关　　　　　　　　前排顶灯工作状态

图6-38　车内灯检查

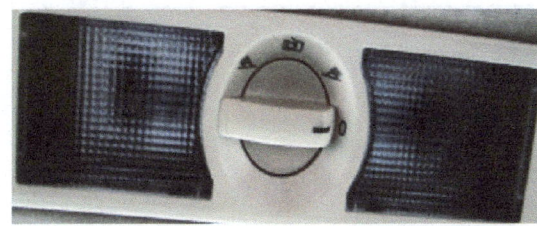 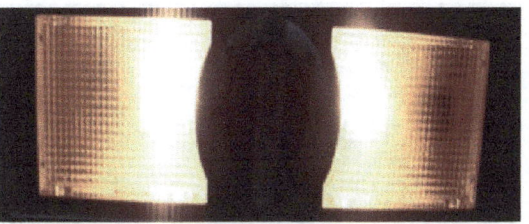

后排顶灯控制开关　　　　　　　　后排顶灯工作状态

图6-39　后排顶灯

任务评价

评价要素		配分	等级	评分细则	评定等级					得分
					A	B	C	D	E	
1	使用三件套	20	A	规范安装三件套，完成后清除						
			B	能按要求做，安装质量不高						
			C	安装后忘记取下						
			D	不会安装						
			E	未答题						
2	检查前后照明、警告灯、仪表指示灯等	40	A	操作步骤、方法完全正确，无漏项						
			B	操作过程错误或漏项1处						
			C	操作过程错误或漏项2处						
			D	操作过程错误或漏项2处以上						
			E	不会操作						
3	检查结果	40	A	检查结果完全正确						
			B	检查结果错误1处						
			C	检查结果错误2处						
			D	检查结果错误2处以上						
			E	不会操作						
合计配分		100		合计得分						

想一想

1. 为什么要在雾天开启前、后雾灯？
2. 为什么夜间行驶遇到两车会车时，要关闭远光灯？

项目六　车辆的日常安全检查与调整排故

各种信号灯故障的判断与排除

学习目标

（1）掌握转向警告灯、制动灯和倒车灯的识别和常见故障现象。
（2）掌握信号灯的简单电路原理。
（3）能分析信号灯的常见故障原因。
（4）能采取正确的操作方法排除简单的故障。

任务导入

在打转向灯时，如果左侧的转向灯闪烁得比右侧的更快，这是正常的吗？如果不正常，怎样排除相关的简单故障？

知识准备

一、概述

汽车信号灯主要是指转向警告灯、制动灯和倒车灯。《中华人民共和国道路交通安全法》第四十七条规定：机动车超车时，应当提前开启左转向灯，变换使用远、近光灯或者鸣喇叭。在没有道路中心线或者同方向只有一条机动车道的道路上，前车遇后车发出超车信号时，在条件许可的情况下，应当降低速度、靠右让行。后车应当在确认有充足的安全距离后，从前车的左侧超越，在与被超车辆拉开必要的安全距离后，开启右转向灯，驶回原车道。

图6-40　转向信号灯

在汽车行驶过程中，常出现各种信号灯不能正常工作的情况，例如：
（1）转向灯不亮，在车辆转弯时不能提醒行人注意避让。
（2）汽车制动灯不亮，造成后面的行人或车辆追尾事故。
（3）倒车时倒车警告灯不亮，不能提醒行人或车辆注意。

转向信号灯用以显示行驶方向（图6-40）。前后转向灯各两个，外加左、右翼子板或后视镜上各一个，前转向灯为橙色，后转向灯为橙色或红色，驾驶室内还有两个转向信号指示灯。

175

二、转向灯不亮故障分析

1. 电路分析

（1）转向灯电路。打开点火开关,并打开转向灯开关时,车身控制模块收到转向灯开关打开的信号后,向转向灯供电,转向灯工作。

（2）闪烁警告灯电路。打开闪烁警告灯开关时,车身控制模块收到闪烁警告灯开关打开的信号后,向闪烁警告灯供电,闪烁警告灯工作。

2. 故障分析

（1）故障现象。转向灯/闪烁警告灯故障分为部分不亮和全部不亮。

（2）故障原因。可能的故障原因主要有：转向灯/闪烁警告灯灯泡损坏；接插件松脱氧化；转向灯/闪烁警告灯电源或接地线路损坏；转向灯/闪烁警告灯开关损坏；BCM控制单元损坏。

（3）故障诊断。

① 检查转向灯/闪烁警告灯灯泡是否损坏烧蚀。

② 检查转向灯/闪烁警告灯插头连接是否牢固,接插件针脚有无氧化腐蚀。

③ 检查转向灯/闪烁警告灯电源及接地线路。

任务实施

制动灯故障的检修

一、目的与要求

（1）所有操作要求符合规范,操作应采取正确的步骤、方法。

（2）掌握电路图的识读方法。

（3）掌握正确的测量仪器操作方法。

（4）操作完毕后车辆复位。

二、器材与设备

（1）轿车一辆。

（2）数字式万用表。

（3）制动灯灯泡。

（4）车轮挡块,车内三件套。

三、注意事项

（1）车外安放车轮挡块,进入车内安装车内三件套。

（2）不可带钥匙等尖锐物品进入车内。
（3）打开点火开关前检查挡位应处于P挡或空挡，驻车制动工作，脚踩制动踏板。
（4）未经教师允许不可擅自转动点火开关。

四、操作流程

（1）安放车轮挡块，安装车内三件套。
（2）检查挡位及驻车制动位置。
（3）打开点火开关。
（4）踩下制动踏板，检查制动灯工作是否正常。
（5）绘制制动灯电路简图。
（6）踩下制动踏板，发现高位制动灯不亮，左右制动灯正常。由于这三个制动灯共电源及搭铁，因此可以判断制动灯开关、制动灯的供电端BCM与接地点50、控制单元没有故障。怀疑可能是高位制动灯插头或灯泡及左侧制动灯相关线路出现问题。
① 检查左制动灯插头，连接是否牢固，接插件是否氧化腐蚀，目测正常。
② 检查制动灯灯泡是否损坏烧蚀。目视灯泡无烧蚀，正常。
（7）检查高位制动灯电源线，使用数字式万用表测量端子T2ai/1与接地之间电压（图6-41），实测12.4 V，测量值正常。
（8）检查高位制动灯接地线，使用数字式万用表测量端子T2ai/2与接地之间电压，实测12.4 V，测量值异常。故障很有可能出现在T2ai/2与接地点50之间的导线连接上。
（9）检查接地点50，发现有一根接地线没有被螺栓固定在接地点上（图6-42）。重新固定该接地线，试车故障恢复正常。
（10）完成5S作业。

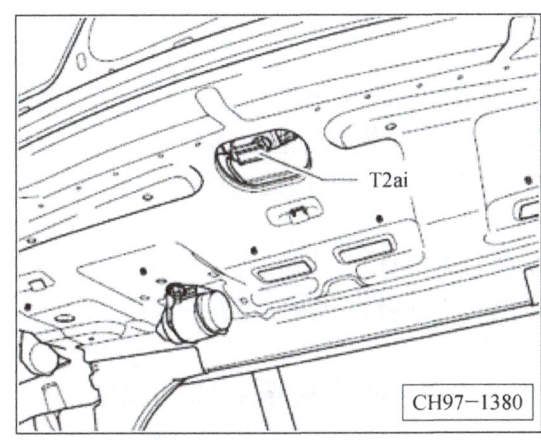

图6-41　T2ai位置图（AR）

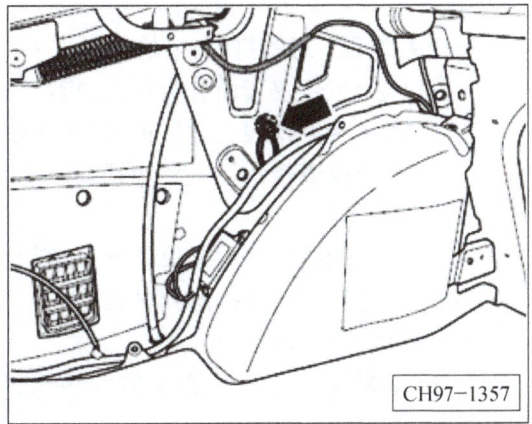

图6-42　接地点50位置图

任务评价

序号	考核内容	配分	评分标准	评分记录	扣　分	得　分
1	能正确完成操作前准备工作	25	每少做一项扣5分 表述不准确扣3分			
2	能绘制电路简图	25	每少做一项扣5分 动作不规范扣3分			
3	能使用万用表检测出故障点并进行修复	25	每少做一项扣5分 动作不规范扣3分			
4	能按要求对车内部进行清洁	25	每少做一项扣5分 动作不规范扣3分			
分数合计配分		100	最终得分			

想一想

1. 如何选择万用表测量时的接地点？
2. 为什么测量制动灯电路时要踩住制动踏板？

练一练

一、判断题（对的打√，错的打×）

1. 汽车组合仪表由各类仪表、指示灯、警告灯、灯光开关组成。　（　　）
2. 汽车常见仪表包括转速表、车速表、里程表、汽车燃油表、温度表。（　　）
3. 汽车仪表指示灯主要包括故障指示灯、空调液位警告灯、远光指示灯、转向指示灯。　（　　）
4. 仪表和指示灯主要反映汽车运行状况的基本信息。　（　　）
5. 警告灯主要是提醒驾驶员采取必要的措施消除警告灯提示存在的问题，合理安全使用汽车。　（　　）
6. 如果发动机转速过高，致使转速表指针在黄色区域，可能导致发动机损坏。　（　　）

7. 汽车燃油表是显示燃油箱中燃油的存量,字母F表示燃油耗尽,E表示燃油箱燃油已加满。( )
8. 使用驻车制动器时,制动系统警告灯会亮起。( )
9. 制动系统警告灯亮起时,可以继续驾驶车辆。( )
10. 打开点火开关,ABS警告灯不亮或常亮,说明ABS系统工作正常。( )
11. 打开点火开关时,充电系统警告灯应亮起。( )
12. 打开点火开关启动发动机时,机油压力警告灯会短暂亮起,这说明机油压力正常。( )
13. 启动发动机时,发动机发出"嗡、嗡"声响,但没有足够的动力带动发动机。打开汽车前照灯,灯光昏暗,很可能是蓄电池存在问题。( )
14. 一般轿车发动机最佳的工作转速区为2 000～3 000 r/min。( )
15. 现在轿车燃油箱的容量一般为60 L,可以在油箱中燃油几乎耗尽时添加燃油。( )
16. 当打开点火开关时,防抱死制动系统警告灯会短暂亮起,防抱死制动系统正在自检,10 s后灯应熄灭。( )
17. 发动机转速运转到2 000 r/min时,交流发电机输出电压应在13.5～15.1 V。( )
18. 断开蓄电池,首先断开正接线;当连接蓄电池时,最后连接负接线。( )

二、单项选择题

1. 仪表和指示灯主要反映汽车( )的基本信息。
   A. 好与坏　　　B. 运行状况　　　C. 行驶里程　　　D. 使用情况
2. 汽车转速表显示的是发动机的( )。
   A. RPM　　　B. MPA　　　C. PRM　　　D. PAM
3. 为了提高发动机的燃油效率,发动机的转速应该保持在( )。
   A. 50～800 r/min　　　B. 800～1 000 r/min
   C. 1 000～2 000 r/min　　　D. 2 000～3 000 r/min
4. 现在轿车燃油箱的容量一般为( )L。
   A. 40　　　B. 50　　　C. 60　　　D. 70
5. 打开点火开关时,制动系统警告灯常亮说明( )。
   A. 制动系统工作正常　　　B. 制动系统工作不正常
   C. 制动系统警告灯工作正常　　　D. 制动系统警告灯工作不正常
6. 车门警告灯亮起时说明( )。
   A. 车门损坏　　　B. 门未关好　　　C. 警告灯坏　　　D. 车门工作正常

7. ABS警告灯是（　　）。
   A. 制动系统警告灯　　　　　　　　B. 防抱死制动系统警告灯
   C. 充电系统警告灯　　　　　　　　D. 机油压力警告灯
8. ABS系统自检通过后，ABS警告灯会在大概（　　）后熄灭。
   A. 7 s　　　　B. 10 s　　　　C. 2 s　　　　D. 5 s
9. 启动汽车时，充电系统工作正常的情况下，充电系统警告灯的工作状况是（　　）。
   A. 打开点火开关充电系统警告灯亮起，启动发动机后熄灭
   B. 打开点火开关充电系统警告灯不亮，启动发动机后点亮
   C. 打开点火开关充电系统警告灯亮起，启动发动机后仍然亮着
   D. 打开点火开关充电系统警告灯不亮，启动发动机后不亮
10. 如果汽车行驶过程中机油压力警告灯亮起，说明（　　）。
    A. 压力过高　　B. 压力过低　　C. 压力正常　　D. 警告灯坏
11. 打开点火开关时，故障指示灯短暂亮起，这说明指示灯本身正常，发动机启动后工作正常指示灯应（　　）。
    A. 仍然亮着　　　　　　　　　　B. 闪烁
    C. 熄灭5 s后再次点亮　　　　　　D. 熄灭
12. 蓄电池一般使用寿命为（　　）。
    A. 半年　　　　B. 一年　　　　C. 两年　　　　D. 三年
13. 测量蓄电池正负端子电压时，万用表的转换开关应切换到（　　）。
    A. V　　　　　B. DV　　　　　C. Ω　　　　　D. A
14. 以蓄电池侧面上所刻印的高、低液位线来确认电解液是否已加足，如不足，可添加（　　）。
    A. 电解液　　　B. 矿泉水　　　C. 稀硫酸　　　D. 蒸馏水
15. 汽油箱加油盖能够（　　）。
    A. 使油箱内产生高真空　　　　　B. 使油箱内产生高压
    C. 释放燃油箱内的高压或真空　　D. 清洁燃油

三、多项选择题

1. 汽车组合仪表由（　　）组成。
   A. 各类仪表　　B. 指示灯　　　C. 警告灯　　　D. 灯光开关
   E. 天窗开关
2. 汽车仪表包括（　　）。
   A. 转速表　　　B. 车速表　　　C. 里程表　　　D. 汽车燃油表
   E. 温度表

3. 汽车仪表的指示灯主要包括（　　）。
   A. 故障指示灯　　　　　　　　B. 空调压力警告灯
   C. 远光指示灯　　　　　　　　D. 转向指示灯
   E. 阅读灯
4. 汽车警告灯主要包括（　　）。
   A. 制动系统警告灯　　　　　　B. 机油压力警告灯
   C. 蓄电池电压警告灯　　　　　D. 低燃油量警告灯
   E. 安全带未系警告灯
5. 蓄电池的故障有（　　）。
   A. 电量耗尽　　　　　　　　　B. 接线柱接触不良
   C. 充电性能下降　　　　　　　D. 发电机损坏
   E. 蓄电池出现老化现象及电解液不足

参考文献

［1］邱伟明,沈运鹤.汽车使用与日常养护［M］.北京：高等教育出版社,2007.

［2］康坚.汽车保养［M］.上海：复旦大学出版社,2013.

［3］周燕.汽车材料［M］.北京：人民交通出版社,2009.

［4］上海大众网站.www.vwlms.com,2016-09-01.

［5］百度图库.http://image.baidu.com/,2016-09-01.